UNA ENCRUCIJADA POSTHUMANA

Orientaciones desde una teoría crítica ecofeminista

Méndez Lozano, Sara
Una encrucijada posthumana : orientaciones desde una teoría crítica ecofeminista / Sara Méndez Lozano.
– León : Servicio de Publicaciones, Universidad de León ; Valladolid: Ediciones Universidad de Valladolid, 2025.
171 p. : il. col. y bl. y n., tablas ; 21 cm. – (Frontera ; v. 6)
Bibliogr.: p. [161]-166. -- Recursos electrónicos: p. 169-171. – El libro se distribuye en dos tiradas con dos cubiertas diferentes para cada ISBN.
ISBN 979-13-87583-00-2 (Universidad de León). – ISBN 978-84-1320-340-9 (Universidad de Valladolid)
1. Humanismo-Siglo 21º. I. Universidad de León. Servicio de Publicaciones. II. Ediciones Universidad de Valladolid. III. Título. IV Serie.
165.742"20"

De acuerdo con el protocolo aprobado por el Consejo de Publicaciones de la Universidad de León, esta obra ha sido sometida al correspondiente informe por pares ciegos con resultado favorable.

es una colección coeditada por las Universidades de León y Valladolid
volumen 6

Imagen de cubierta libre de derechos para uso comercial.
Diseño y maquetación digitales de interior y portada:
JUAN LUIS HERNANSANZ RUBIO (Servicio de Publicaciones de la Universidad de León)

ISBN (Universidad de León): 979-13-87583-00-2
ISBN (Universidad de Valladolid): 978-84-1320-340-9
Depósito legal: DL LE 153-2025

Imprime: KADMOS (Salamanca)
Impreso en España - *Printed in Spain*
Abril, 2025

Esta editorial es miembro de UNE, lo que garantiza la difusión
y comercialización de sus publicaciones a nivel nacional e internacional.

UNA ENCRUCIJADA POSTHUMANA

Orientaciones desde una teoría crítica ecofeminista

Sara Méndez Lozano

fron tera 6

León y Valladolid, 2025

ÍNDICE

0,5

UN CRUCE DE SENDEROS

¿Qué es una *encrucijada* sino el devenir de un encuentro? Un cruce de líneas, una confluencia, una x en el mapa. La encrucijada es un lugar sin lugar, es el espacio en blanco, el primer interrogante de una pregunta que, acuciante, nos insta a tomar una dirección, a decidir un rumbo. Entendida también como sinónimo de *emboscada* o *trampa*, la encrucijada nos entrecruza *con* y *entre* los senderos, *con* y *entre* nosotras. Pese a la diversidad de acepciones que podemos rescatar de este término, su significado se ve atravesado necesariamente por un momento de vacilación, de duda, de ilusión; incluso podríamos decir, de miedo.

Servirnos del concepto de "encrucijada" nos obliga a definir lo que entendemos por *dirección*. Para llegar a un cruce, hemos primero de aceptar la existencia de más de un camino o sendero. Los *caminos* van marcados por una rectitud planificada, orientada y construida. Cuanto mayor es la acumulación de huellas, mayor es la probabilidad de que sea recorrido; de que sea fácilmente distinguible. Conocemos su punto de partida y su punto de llegada. Bajo estas condiciones, una encrucijada se plantea como las alternativas dentro de un supermercado: diferentes marcas de una misma cesta. Como un sistema electoral de partidos, un abanico de posibilidades cerradas. Izquierda, derecha, recto, hacia atrás.

Los *senderos*, sin embargo, son más cercanos a la imprevisibilidad, a los giros inesperados, a una sinuosidad peligrosa a la vez que intrigante. El sendero se separa del *camino*, niega lo marcado y se abre lo nuevo. Una encrucijada de senderos es caótica y recurrente. Es de hecho tan recurrente que se vuelve constitutiva, construye en su repetición. Para esta lectura deberemos, por lo tanto, partir de una concepción de cruce no coyuntural ni estanca, sino constitutiva de esas mismas direcciones que nos han traído hasta el momento presente.

Los rápidos e incesantes cambios de dirección –sociales y culturales– propios del momento histórico que atravesamos están desatando una serie de discrepancias teóricas que podríamos reconocer, si se me permite, como encrucijadas. Este ensayo busca abrir una reflexión que nos ayude a prevenir la paralización teórico-práctica en nuestras respectivas luchas políticas desde los movimientos sociales. Rastrearemos, a través de la actualidad política y de la cultura popular, algunos de los senderos recorridos mientras tratamos de abrir otros nuevos, inesperados y caóticos. La encrucijada aquí analizada nos sirve como punto de partida y de llegada, se plantea su posible superación, pero inevitablemente, a partir del planteamiento de nuevas encrucijadas que, como puntos, construyan la linealidad de nuestro sendero.

La aparente incompatibilidad entre tecnología y naturaleza, entre razón y emoción, o entre identidad y des-identidad, aparecen como intersecciones contemporáneas profundamente complejas. El aumento de la brecha de desigualdad, el desastre ecológico, la generalización del subempleo, el auge de los neofascismos o el control hipertecnológico constituyen un conjunto de fenómenos relativamente recientes y sustancialmente alarmantes. En el marco de un tardocapitalismo en crisis, el *posthumanismo* aparece como utopía político-poética que busca superar *lo humano* como categoría naturalizada sumamente excluyente y antropocéntrica. En consecuencia, nuevas formas de relacionarnos con lo no-humano emergerán en sintonía con una realidad cultural entendida como interconectada, plural y abierta.

Las transformaciones sociales acontecidas en las últimas décadas han revolucionado identidades, formas de comunicarnos, de trabajar e incluso de amar. Ese *tardocapitalismo*, como etapa que habitamos a nivel global, llega arrasando con formas de vida tradicionales para instaurar otras nuevas en incesante relación con la hipertecnologización, el comercio globalizado y la pujante precarización de la vida de una mayoría social. La crisis ecosocial, el control digital, el crecimiento de los neofascismos o la violencia neuronal emergen como puntos críticos que evidencian el fracaso de nuestra manera de organizarnos como sociedad. ¿Es este fracaso propio del sistema capitalista? ¿Podríamos hablar del fracaso de ciertas premisas sociohistóricas conformadoras de lo que entendemos como *ser humano*? ¿Hasta qué punto la superación de *lo humano* puede funcionar como estrategia emancipadora?

Esta serie de preguntas nacen de una preocupación por comprender de manera profunda las premisas ético-políticas de la existencia y cultura humanas. Como fruto de la participación activa en movimientos sociales y de un vivo interés por cuestiones políticas relacionadas con la emocionalidad, la espectacularización de la identidad en red, la teoría queer o el ecofeminismo materialista, han ido instalándose en mí cuestiones acerca de la raíz ética de muchas de las opresiones existentes en relación con el contexto actual. El posthumanismo surge así como respuesta a la mayor parte de las preguntas que me interrogaban. Sin embargo, cuanto más me adentraba en la propuesta, más contradicciones y dificultades encontraba. Esta investigación teórica pretende arrojar luz sobre ciertas cuestiones —eminentemente metateóricas— que se entrecruzan, dibujando formas, en ocasiones, demasiado confusas.

El objeto de análisis termina vinculándose a su vez con una crítica a la formulación de los *derechos humanos*, apareciendo como víctimas de su propio lugar de enunciación. Tal y como expone la teoría crítica de la cultura, los derechos no son incuestionables ni están garantizados de forma infinita, sino que son fruto de procesos de lucha de acción colectiva. Sin embargo, estos han pasado a funcionar, en muchos casos, como agentes excluyentes universalizando posiciones particulares. El posthumanismo como propuesta de horizonte postcapitalista apuesta por la superación de todas aquellas universalizaciones excluyentes condensadas en *lo humano*. Por lo tanto, el posthumanismo en relación con los derechos humanos es fundamental para su revisión en muchos sentidos. No es útil tan solo para la crítica más hegemónica dentro de los marcos humanos, sino que su crítica va más allá de los márgenes, buscando espacios completamente vírgenes.

En síntesis, el objeto de estudio de esta investigación es lo que he denominado como *encrucijadas posthumanas*. Una encrucijada posthumana es un espacio de encuentro entre diferentes elementos aparentemente divergentes cuando no contradictorios. El objetivo principal de este texto es poner en diálogo estos elementos enfrentados para así facilitar la construcción de un horizonte posthumano compartido o, como mínimo, permitir la discusión teórica en torno a cuestiones complejas.

Esta disparidad de corrientes teóricas ha sido vital también en el proceso de reconocer aquello que me interrogaba, ya que, dentro de los movimientos sociales, encontraba de forma cotidiana ciertas incoherencias o discrepancias. Divergencias como la utilización de la categoría "mujer" dentro del feminismo; la esencialización de la relación mujer-naturaleza en el ecofeminismo o el rechazo frontal al desarrollo tecnológico en los movimientos ecologistas. Pese a que no son estos los únicos debates candentes presentes en los movimientos sociales sí son aquellos que provocaron mi curiosidad y animaron a reflexionar sobre el posthumanismo como posible *dirección común*[1].

La cuestión identitaria, los límites del desarrollo técnico, el antropocentrismo, la epistemología ilustrada o la colonización mercantil de las subjetividades son algunas de las dimensiones que, a partir de su interrelación, son tratadas en estas páginas. Estas reflexiones teóricas permiten abrir planteamientos radicales acerca de nuestro sentido común y de todo aquello naturalizado bajo la etiqueta de *naturaleza humana*. La construcción de una base teórica posthumanista podría pasar a ser, de esta manera, el primer paso para salirnos del camino y recorrer conjuntamente senderos repletos de cruces, incógnitas, simbiosis y fabulaciones.

Al tratarse de una temática tan amplia, se han utilizado lecturas pertenecientes a una gran diversidad de campos, especialmente del campo de la filosofía. Sin embargo, vale la pena destacar a Rosi Braidotti y a Donna Haraway como principales influencias en la construcción del imaginario posthumanista aquí desarrollado. Es importante destacar también que la utilización de términos como *naturaleza, ser humano, hombre* o *mujer*, no son —en ningún momento— entendidas como categorías naturales, sino como categorías culturalmente construidas cuyas implicaciones políticas analizaremos a lo largo de estas páginas.

---

1   Con *dirección común* no se busca hacer referencia a una dirección clara, concisa y cerrada, sino a dibujar conjuntamente orientaciones abiertas en línea con lo que Donna Haraway ha designado como "seguir con el problema" en HARAWAY, D. (2019). *Seguir con el problema. Generar parentesco en el Chthuluceno*. Bilbao: Consonni.

Asimismo, esta investigación trata de reconocer la posición discursiva desde la que se parte como un lugar atravesado por cuestiones de clase, género y raza, lo cual delimita y condiciona el discurso de manera inevitable. Las preocupaciones plasmadas en estas páginas son preocupaciones propias de la investigadora, de su identidad y de sus sesgos políticos, reconociendo su producción de conocimiento como indudablemente situada.

En consecuencia directa, las líneas que aquí se desarrollan no pretenden ser cerradas. La prioridad es abrir interrogantes y plantear reflexiones teóricas amplias. Por ello, las conclusiones de este ensayo se plantean como inconclusiones, como recapitulaciones de todo lo analizado y de las posibles orientaciones comunes siempre abiertas a ser discutidas. Quizás una de las lecciones más importantes del posthumanismo es entender la ciencia como siempre circunscrita a *lo humano,* lo que dificulta enormemente la posibilidad de comprender o empatizar con todo lo no humano.

Por otro lado, el discurso y la epistemología utilizadas pueden resultar contradictorias. Mientras se critica el racionalismo dialéctico, se hace uso de este a lo largo de todo el análisis. En primer lugar, se hace uso de un análisis dialéctico tan solo en una dimensión teórica. Al igual que el ecofeminismo apunta sobre dualismos jerarquizados, resulta verdaderamente útil identificar aquellos conceptos que han sido construidos históricamente en oposición dialéctica. Sin embargo, esto no significa que debamos seguir reproduciéndolos o que en su dimensión material exista una separación radical. En segundo lugar, se asume que, tal y como está concebida la academia, no es nada sencillo plantear una investigación que integre la dimensión más emocional. De cara al futuro sería oportuno realizar investigaciones de carácter más holístico, no obstante, para esta investigación todavía se precisaba entender el lugar que ocupa en la ciencia la propia emoción.

Como último apunte epistémico-semiótico, el siguiente manuscrito hace uso del femenino plural como arte estratégico de descolocación de la mirada lectora y su subsiguiente recolocación sobre un lugar radicalmente crítico. Una reelaboración lingüística frente a los estragos de la *violencia semiótica.* En consonancia con las propuestas de Monique Wittig, no se trata de feminizar el mundo, sino de ofrecer la oportunidad de despojarnos de las gafas masculino-céntricas en cada una de las líneas que aquí se recorren.

A lo largo de estas páginas se realiza una aproximación a las crisis tardocapitalistas, a los debates posthumanistas y a una potencial orientación común que facilite nuestro tránsito colectivo. Toda la revisión y discusión bibliográfica parte de la teoría crítica de los derechos humanos, el feminismo postestructuralista y el ecofeminismo materialista. A lo largo del primer capítulo se presenta el tardocapitalismo como contexto actual, sus crisis implícitas y los riesgos que estas conllevan. El segundo capítulo analiza de manera profunda las encrucijadas mencionadas, enfrentando conceptos de manera dialéctica y presentando diferentes argumentos. Por último, el tercer capítulo, expone el espacio común entre cada uno de estos enfrentamientos, deconstruyendo su relación dialéctica y entendiendo la realidad material como una infinita existencia interconectada.

Este texto surge a partir del desarrollo y actualización de mi Trabajo Final de Máster del Programa Interuniversitario de "Derechos humanos, Interculturalidad y Desarrollo" de la Universidad Internacional de Andalucía y la Universidad Pablo de Olavide, formando parte, a su vez, del proceso de investigación que continúo recorriendo en el Departament de Sociologia i Antropologia Social de la Universitat de València. Las siguientes páginas no habrían sido posibles sin el apoyo de los equipos docentes, de mi tutor José María Valcuende del Río y de todas aquellas personas que, en silencio, me han sostenido física y emocionalmente durante el proceso de escritura. Agradecer también la confianza y respaldo de investigadores que me inspiran profundamente como Antonio Méndez Rubio y Joan Torres Palomares, quienes han despertado sustancialmente mi interés sobre las temáticas aquí tratadas. Por último, subrayar y reconocer a todas aquellas compañeras de lucha y de inquietudes que han sido para mí una fuente de sentido y de impulso fundamental.

1

REAJUSTANDO LAS BRÚJULAS

Esta reflexión metateórica concibe su desarrollo en el marco de una serie de corrientes, enfoques teóricos y epistemologías que nos permiten reajustar o reorientar las brújulas con las que nos movemos. Como cimiento básico fundamental, la teoría crítica de los derechos humanos nos abre un amplio campo de cuestionamientos radicales entre los cuales situar la subjetividad posthumana como materia que nos ocupa. En un segundo nivel, resulta ineludible remarcar el carácter radical posestructuralista del feminismo que acompañará al análisis teórico y, finalmente, situaremos el ecofeminismo materialista como bastión clave para comprender opresiones estructurales producto del falogocentrismo sistémico.

Pese a presentar los siguientes enfoques de manera independiente, no es sino conjuntamente y de manera interrelacionada que estructuran nuestras percepciones de la realidad social. A modo de caleidoscopio, el feminismo postestructuralista se entrelaza con la teoría crítica de los derechos humanos bailando al compás de un ecofeminismo crítico y combativo. Esta amalgama de prismas da lugar, incluso en algunas ocasiones de manera fortuita, a paisajes de elementos cohesionados en inesperada armonía.

LOS DERECHOS HUMANOS COMO TERRENO DE DISPUTA IDEOLÓGICA

Si nos proponemos reconstruir aquello que entendemos por *humano*, no podemos pasar por alto los principios universalmente aceptados como representativos de la naturaleza y dignidad humanas: los *derechos humanos*. Resulta fundamental por lo tanto apuntar a las estructuras opresoras que modelan y determinan nuestra realidad inmediata si buscamos aspirar al desenmascaramiento ideológico y a la emancipación (post)humana. Persiguiendo este objetivo, Joaquín Herrera Flores, nos ayuda a descubrir los derechos humanos como normas profundamente ideológicas fruto del cultivo masculino, blanco y europeo de la más salvaje y violenta supremacía[2].

En *La reinvención de los derechos humanos* (2008), Flores sitúa su análisis crítico de los derechos humanos en el seno de la teoría crítica, corriente ampliamente conocida a partir de referentes de la Escuela de Frankfurt tales como Theodor Adorno, Herbert Marcuse, Max Horkheimer o Jürgen Habermas. Desde estos precursores esquemas de pensamiento nacidos en una Alemania de entreguerras asediada por el auge del nazismo, los medios de comunicación de masas y la sociedad de consumo, la teoría crítica despierta aterrada. El terremoto es inminente, pero las placas tectónicas hace tiempo que han comenzado a desplazarse. Advertir el movimiento de las placas conducirá a la teoría crítica a centrar su objeto de estudio en las estructuras ideológicas subyacentes. A diferencia de la teoría tradicional, esta nueva corriente sortea los límites impuestos a la cognoscibilidad, excavando, sumergiéndose y ampliando la mirada[3]. Lo manifiesto comienza a cobrar interés al revelarse como síntoma de lo latente, de lo inconsciente, de lo naturalizado. Y es a través de aquello manifiesto como la teoría crítica logra apuntar a lo más oculto, a nuestros puntos ciegos.

A modo de síntesis explicativa, podemos caracterizar esta teoría a través de tres ejes principales sobre los que se mueve. El primero de ellos es el marxismo materialista. Tras el giro materialista que Marx y Engels introducen en la filosofía occidental –dominada hasta ese momento por el idealismo alemán– pensadores, revolucionarios y proletarios acogen con los brazos abiertos aquella promesa que afirma que la libertad y el fin de la explotación están por llegar. El materialismo histórico le grita a la clase trabajadora que la cultura, la familia, la religión y la propiedad no son universales, que son en

---

2   HERRERA FLORES, J. (2008). *La reinvención de los derechos humanos*. Sevilla: Atrapasueños.

3   HORKHEIMER, M. (2000). *Teoría Tradicional y Teoría Crítica*. Barcelona: Paidós Ibérica.

realidad instrumentos de dominación de una clase social diferente, de la clase que posee los medios de producción y cuyos intereses entran en contradicción con los suyos. Es decir, que la pretendida universalidad occidental era el resultado de la hegemonía de una clase social blanca y burguesa[4].

La realidad social se convierte así en el campo de batalla entre dos grupos sociales antagonistas, contrarios, en conflicto. Es desde este enfoque, situando la crítica en las condiciones materiales de existencia e identificando las estructuras burguesas de poder, como la Escuela de Frankfurt estudia las diferentes realidades, subjetividades y campos discursivos.

En segundo lugar, la teoría crítica parte de las *teorías del conflicto*[5]. En contraposición al funcionalismo estructural, estas teorías ponen el foco sobre las discontinuidades, las brechas, los hiatos. La historia no es lineal, ni ordenada, ni continua. Pese a haber estudiado la historia como un eje cronológico cerrado, unitario e inamovible, la realidad histórica dista en gran medida de ser así. La teoría crítica se posiciona de esta manera en los espacios en blanco del eje cronológico, en las heridas abiertas, en aquellas bifurcaciones que fueron borradas y olvidadas.

Este punto de partida entronca profundamente con el tercer de los ejes básicos de la teoría crítica: la adopción del punto de vista del excluido. La realidad es incognoscible si no integramos en ella la abyección. En línea con esta idea, Žižek argumenta en *Arriesgar lo imposible* (2006) cómo la *verdad universal* –entendida como verdad propia del espacio de *lo hecho*[6] en sentido arendtiano– solo puede conocerse en el momento en el que incluimos *realmente* al *otro*. Mientras eso no suceda, nos encontraremos ante intereses hegemónicos encubiertos tras nombres propagandísticos tales como multiculturalismo, derechos humanos o tolerancia[7].

---

4   MARX, K & ENGELS, F. (2018). *Manifiesto comunista*. Madrid: Corazones blindados / Acefalia

5   Escuela de la teoría sociológica moderna nacida entre la década de 1950 y 1960 en Estados Unidos que centra su estudio en los conflictos como elemento explicativo y originador de transformaciones sociales. Max Gluckman, Ralf Darhendorf y Randall Collins son algunos de sus principales exponentes.

6   ARENDT, H. (2007). *La condición humana*. Buenos Aires: Paidós.

7   ŽIŽEK, S. (2006). *Arriesgar lo imposible. Conversaciones con Glyn Daly*. Madrid: Trotta.

Si es una universalidad menos cerrada lo que buscamos, no podemos eludir la tarea de poner el foco sobre aquello que, intencionadamente ha sido excluido e ignorado. Solo desde allí, desde lo que ni siquiera tiene nombre, podremos empezar a construir ese "mundo en el que quepan muchos mundos"[8], esa sociedad dónde los derechos humanos no se limiten al plano normativo, sino que desciendan con fuerza a la rica y diversa realidad.

Desde los años 30 del siglo pasado, la Escuela de Frankfurt ha centrado sus estudios en cuestiones relacionadas con la sociedad de masas, los medios de comunicación y la dominación cultural. Será en esta dominación de tipo simbólico en la que se centren muchos de sus análisis, acusando a la industria cultural del control totalitario de las conductas y la formación intencionada de sujetos heterónomos[9]. Con la expansión de sus doctrinas y su evolución histórica, la teoría crítica comenzará a identificarse en los años 60 con enfoques propiamente postestructuralistas[10], contando con las aportaciones teóricas fundamentales de pensadores y pensadoras como Michel Foucault, Jacques Derrida, Judith Butler o Gilles Deleuze.

Tras este breve repaso histórico de la teoría crítica, podemos concluir que esta trata de cuestionar lo incuestionado y de desestabilizar pilares profundos de dominación simbólica. En su dimensión práctica, se presenta indispensable la preocupación por ofrecer alternativas posibles, por deconstruir lo ya subjetivado para poder construir, una vez emancipados, nuevas formas de vida que aún no *son*.

Adentrándonos en la aplicación de la teoría crítica al campo específico de los derechos humanos, Herrera Flores nos presenta su reinvención como alternativa o nuevo paradigma con el que afrontar el reto de la protección jurídica universal en el siglo XXI. Situándolos genealógicamente en un marco concreto de condiciones sociales y relaciones de poder —es decir, historizándolos—

---

8   Consigna popular del movimiento zapatista en Chiapas, México.

9   ADORNO, T. W., & HORKHEIMER, M. (2018). *Dialéctica de la Ilustración*. Madrid: Trotta

10   En contraposición al estructuralismo, el postestructuralismo estudia la realidad a partir del desmantelamiento de las premisas estructurales y la eliminación de oposiciones binarias.

los derechos humanos revelan una naturaleza ideológica muy concreta: las premisas y esquemas socioculturales del liberalismo occidental[11].

Indagamos así en los procesos sociohistóricos de construcción del concepto descubriendo cómo dicha noción, pese a presentarse como natural e inherente al ser humano –y precisamente por eso– es en realidad un mero producto cultural. Desde el nacimiento del sujeto de derechos, pasando por la Declaración de los Derechos Humanos en 1948, estos obedecen y actúan en beneficio de un individuo muy particular: el hombre blanco propietario. La noción de multiculturalidad, según la concepción de Žižek como término en exceso aglutinador, conforma así finalmente "la demostración de la homogeneización sin precedentes del mundo actual"[12].

Ante este universalismo de lo particular, se contrapone un *universalismo de llegada*, un universalismo construido desde y para la impureza y contingencia del mundo material. Defendiendo el protagonismo que los movimientos y actores sociales han tenido en la construcción de todos los derechos de los que disfrutamos ahora, se apuesta por una concepción de estos como procesos, como luchas diarias por la dignidad humana.

Una vez las relaciones estructurales de dominación han sido expuestas y los derechos humanos desenmascarados, Herrera Flores nos propone un escenario gnoseológico que emerge directamente de la materialidad. A la hora de aplicar este enfoque materialista, debemos evitar caer en esencialismos que nos abocan a epistemologías cerradas sobre sí mismas –víctimas del fetichismo jurídico[13]– partiendo siempre de las condiciones de existencia, aceptando nuestra contingencia y la imposibilidad de un acuerdo único radical. Se desprende de esta afirmación la apuesta por una *filosofía impura*[14] que no tiene miedo de reconocerse incompleta.

Sucintamente, la teoría crítica de los derechos humanos incita, en primer lugar, al cuestionamiento de la concepción liberal/

---

11 PANIKKAR, R. (2004). Seria a noção de direitos humanos um conceito ocidental? *Renovar*, pp. 205-238.

12 ŽIŽEK, S. (2010). *En defensa de la intolerancia*. Barcelona: Diario Público.

13 HERRERA FLORES, J. (2008). *La reinvención de los derechos humanos*. Sevilla: Atrapasueños.

14 *Ibidem*, pp. 73-80.

tradicional de los mismos, poniendo en duda tanto las relaciones socioeconómicas estructurales como el discurso naturalista legitimador, el reduccionismo metodológico-epistemológico e incluso, la propia concepción liberal de libertad[15]. En segundo lugar, una vez hemos adoptado el enfoque crítico, nos invita a desestabilizar las teorías que naturalmente hemos aceptado, es decir, a comenzar a deconstruir, mediante un *striptease ideológico*, el aparato que rodea los derechos humanos.

Ante esta crítica radical vemos claro que los derechos humanos sufren de ceguera prematura, convirtiéndose en verdugos y víctimas del sistema que erigieron. El discurso humanitario que acompaña a estas normas peca de ingenuidad; quedando demostrado en multitud de ocasiones, ya sea en Siria, Palestina o el Congo. Esperar que los organismos supranacionales apliquen la protección de aquellos derechos que dicen garantizar por el simple hecho de ser *derechos humanos universales* explica por qué, ante el genocidio palestino encontremos una indignación global que, sorprendida, no comprende que un acuerdo de *universalidad* esté sujeto a intereses geoestratégicos y económicos.

Partiendo de la periferia, otorgando voz a las que se les ha arrebatado y constituyendo a los sujetos sociales populares como sujetos epistemológicos[16], los derechos humanos pueden reinventarse para, por fin, constituirse como norma que responde y atiende a sus contextos de desigualdad inmediatos. Una norma que no reproduce y legitima un sistema fundamentalmente injusto, sino que se construye día a día en pos de una exterioridad alternativa *realmente*[17] posible.

Es inevitable que la pregunta que salga aquí a relucir sea: ¿acaso existe una exterioridad posible? Será a través de estas páginas como trataré de adentrarme en los rincones más oscuros de la cuestión, iluminando, humildemente, la diversidad de caminos a recorrer. Algunos llevan mucho tiempo abiertos, para otros debe-

---

15   La libertad liberal hace referencia a una concepción negativa de libertad: mi libertad acaba donde empieza la del otro.

16   GALLARDO, H. (2014). *Teoria crítica: Matriz e possibilidade de direitos humanos*. São Paulo: Unesp.

17   Real en sentido lacaniano. Exceso de realidad.

remos aventurarnos sin brújula ni mapa; algunos fluyen dentro de nosotras, otros deben recorrerse en colectividad; pero, todos y cada uno de ellos requieren de caminantes dispuestas a transitarlos.

TOPOLOGÍAS DEL GÉNERO

El segundo de los *topos* a través de los cuales va a leerse la siguiente investigación y reflexión teórica se trata del feminismo posestructuralista. Como se ha mencionado en el apartado anterior, el postestructuralismo emerge como corriente de pensamiento crítica con el estructuralismo clásico y en parte ligada a la teoría crítica frankfurtiana. En este sentido, la teoría crítica, y más concretamente, la corriente postestructuralista, funcionarían pragmáticamente como enfoques, como perspectivas desde y hacia las que partir a la hora de estudiar cualquier realidad.

En el caso de los estudios feministas, el postestructuralismo de Butler, Irigaray o Foucault observa un fuerte desarrollo expansivo a partir de los años 70 de la mano del feminismo radical de la segunda ola (1960-1980). Obras como *Espéculo de la otra mujer* (1974), *Historia de la sexualidad* (1986, original de 1976) o *El género en disputa* (2017, original de 1990) marcarían el salto definitivo hacia un feminismo de carácter firmemente radical.

Tal y como se dice en esta nuestra sociedad actual, no podemos hablar de feminismo, sino de feminismos en plural. Considero fundamental respetar las diferentes prácticas y ejercicios del feminismo con independencia de las condiciones sociohistóricas del sujeto agente. Sin embargo, sí que estimo necesario precisar el punto de referencia teórico del que parte esta investigación, ya que otras corrientes del feminismo conllevan implicaciones sociales y subjetivas parcialmente diferentes, incluso en algunos casos directamente opuestas.

Sobre la base de este enfoque postestructuralista, merece la pena presentar las líneas teóricas básicas que organizan el discurso en torno a la relación sexo-género, la construcción de la mujer como identidad, el cuerpo como objeto de biopoder y las propuestas subversivas de horizonte emancipador. Tratar esta serie de cuestiones se vuelve fundamental para comprender el debate teórico concerniente a la eventualidad de una subjetividad posthumana.

Sexo y género en dialéctica performativa

Desde que Simone de Beauvoir proclamara en 1949 el "no se nace mujer, se llega a serlo"[18] la teoría feminista ha focalizado sus estudios sobre la construcción del género como conjunto de prácticas y roles socialmente impuestos. Partiendo de esta concepción existencialista del género, Beauvoir iluminó el camino para poder discernir entre aquello biológico e inmutable y aquello social y contingente. El género se constituye como objeto de estudio principal del feminismo de la segunda ola con referentes tales como Betty Friedan o Germain Greer. Mientras tanto, de la mano de Bell Hooks y Angela Davis, el feminismo negro[19] continúa apostando por la transversalidad, buscando formar un mosaico de opresiones entrelazadas que muestre la firme vinculación entre raza, clase y género.

Sin embargo, lo que en los años 60 supone una revolución en las teorías feministas, a finales de siglo comienza a replantearse, resignificarse e invertirse. ¿Y si el sexo nunca se ha diferenciado del género? ¿Y si el sexo no es independiente y tan solo funciona como elemento legitimador? Como una lanza certera, el feminismo radical de Butler, Wittig, Millet y otras abre una brecha en todo aquello que nos era natural. La conocida *teoría de la performatividad* de Butler o la *dialéctica del sexo* de Firestone pueden ayudarnos a comprender en profundidad la compleja relación entre sexo y género.

Siguiendo a Butler, el género es un conjunto de prácticas sociales que (re)producimos de forma diaria. Es el campo discursivo que

18   BEAUVOIR, S. (1987). *El segundo sexo*. Buenos Aires: Siglo XX.

19   Con origen en el discurso de Sojourner Truth *¿Acaso no soy una mujer?* (1871) el feminismo negro se caracteriza por integrar la perspectiva racial y de clase a los estudios de género.

utilizas para hablar con tus amigas o la vestimenta que escoges para disfrutar de una película en el cine; ah, y la película, también lo es la película. Son las piernas cruzadas en la silla de ese bar, aquella sonrisa amable que dirigiste al camarero/a y el aseo al que tuviste que entrar siguiendo las indicaciones de un pequeño símbolo trazado en la puerta. Un agregado de marcas discursivas, prácticas, gestos y emocionalidad que conforman lo que la autora ha *denominado performatividad de género*[20].

De esta manera, ciertas acciones y actitudes construyen retroactivamente —y en la gran mayoría de ocasiones, de forma inconsciente— la categoría de género. Esta categoría termina por ser reificada de forma cotidiana, reforzando y estableciendo espacios binarios, cerrados y dialécticos. El binarismo es dialéctico en la medida en que, dentro de un marco conceptual dicotómico, cada uno de sus polos construye su unidad de sentido en oposición al otro. Hablamos entonces de una dialéctica negativa[21] que otorga a la diferencia, al espacio *entre* y a la negación, el poder de edificar, levantar y construir realidades cognoscibles: "Soy mujer porque no soy hombre".

Hasta este momento, el género sigue funcionando como fantasma social al que nos adherimos a partir de nuestro sexo. Sin embargo, el feminismo radical comienza a plantear una pregunta que alterará la concepción misma del sexo como fundamento biológico ¿Cuál es el instante exacto en el que el sexo comienza a significar género? ¿Acaso hay un momento clave en la historiografía individual que determine el salto hacia el *ser mujer-ser hombre*?

En *Historia de la sexualidad* (1976), Michel Foucault trata esta cuestión al afirmar que sexualidad y poder existen de manera indisociable. El poder es la Ley paterna materializada en el régimen simbólico. La Ley es anterior a todo aquello que conocemos, estableciendo líneas, límites y espacios, en definitiva, determinando nuestra movilidad. Como esta Ley es anterior a la historia, al lenguaje y, por lo tanto, al género, ¿cómo podríamos aseverar que el sexo es anterior a la Ley?, ¿cómo podríamos ni

---

20 BUTLER, J. (2017). *El género en disputa*. Barcelona: Paidós Ibérica.

21 No se hace referencia en este caso a la *dialéctica negativa* como propuesta epistemológica adorniana, sino al poder afirmativo de la misma negación.

siquiera especular a través de un régimen simbólico ya historizado la existencia de una sexualidad original?

Foucault advierte así que la sexualidad es la primera ley sociohistórica que nos constituye como sujetos. En términos lacanianos, la *realidad* aparece como producto de la ley paterna desplazando y sumergiendo *lo real*. El género se mueve en esta realidad, comunicándose a través de sus símbolos, obedeciendo a sus normas, caminando en su *topos*. Pero, si nos construimos en una constante interrelación con la realidad, si no hemos podido en ningún momento escapar del espacio regido por la ley ¿cómo podría ser el sexo natural[22]? ¿No ha funcionado lo *natural* como elemento históricamente legitimador de opresiones, guerras y exterminios?

Alineándose con la idea de una ley previa a toda socialización, Butler plantea la posibilidad de que el sexo sea en realidad género. ¿Cómo definimos el sexo si no es mediante un discurso generizado? ¿Cómo interpretamos al sujeto si no es, en primer término, desde la distinción de género? La sexuación del sujeto se presenta así como diferencia básica del ser humano: "En ningún caso se trata de que haya un conjunto universal de rasgos humanos definitorios y luego, encima de eso, haya hombres y mujeres. No, es lo contrario: ser humano significa estar diferenciado sexualmente"[23].

Queda claro entonces que el sexo es inseparable del género. Pese a que esta distinción ayude a la profundización teórica acerca de la opresión sobre los sujetos, no debemos perder de vista que, en la práctica, ambos elementos son indisociables y operan conjuntamente. Una de las conclusiones principales que extraemos de este giro teórico es, por lo tanto, que, si queremos subirnos al tren de la liberación del género, deberemos hacer una parada necesariamente en la estación de la diferencia sexual.

---

22 Natural entendida como categoría fija, indiscutible y originaria.

23 ŽIŽEK, S. (2006). *Arriesgar lo imposible. Conversaciones con Glyn Daly*. Madrid : Trotta. p. 80.

El poder del significante: el dualismo en la filosofía clásica

Si el sexo ya no funciona como base neutral, sino como contenido definidor de la realidad social, si ahora el sexo funciona como género, ¿cuál es el papel del género en todo esto? Para responder a esta pregunta deberemos remontarnos hasta los orígenes de la filosofía occidental misma.

Desde el idealismo de Platón, siguiendo con la filosofía de Descartes del siglo XVII, la realidad pasa a dividirse y a concebirse en dos dimensiones que, aun siendo paralelas, no llegan a rozarse. Mediante este nuevo esquema de pensamiento, la mente se separa del cuerpo, el sujeto del objeto, el significado del significante. Aparece así la *res cogitans* (cognoscente) diferenciada de la *res extensa* (cognoscible)[24]. En el seno de esta serie de dualismos, mientras uno se erige como sujeto agente, el otro se comprende como objeto pasivo. Será esta una cuestión sobre la que volveremos en el apartado referente a la teoría ecofeminista.

El resultado del desarrollo y establecimiento de una filosofía que lee el mundo en términos dualistas es su misma naturalización e incorporación en nuestra forma de mirar y comprender la realidad. La construcción lingüística de nuestro entorno tampoco escapa a estas nuevas gafas que trocean y taxonomizan la vida. El sujeto se concibe en oposición al predicado, el significante al significado, el sustantivo al adjetivo, etc. Las implicaciones de este modo de comunicarnos simbólicamente convierten los segundos elementos (predicado, significado, adjetivo) en portadores de significado y, por lo tanto, de sentido, mientras los primeros (sujeto, significante, sustantivo) funcionarían a modo de recipientes vacíos, neutrales en los que este se vierte.

De esta suerte, el sexo funciona en el imaginario occidental-patriarcal como significante mientras el género lo hace como significado a modo de *metafísica de la sustancia*[25]. El papel que cumple por lo tanto el género en la construcción del binarismo

---

24 René Descartes en *Discurso sobre el método* (1637)

25 BUTLER, J. (2017). *El género en disputa*. Barcelona: Paidós Ibérica.

es el de funcionar como adjetivo, como componente que dota de significado a la estructura. La desarticulación de la metafísica de la sustancia vendrá a decirnos entonces que la sustancia no existe como tal, que el significante siempre es ya portador de significado y que, en consecuencia, el sexo posee una fuerte capacidad para significar por sí mismo.

Sin embargo, si afirmamos que el significante es siempre significado, ¿no estaríamos claudicando ante un determinismo lingüístico? ¿Qué podríamos alterar de nuestra realidad si ya le otorgamos un significado inamovible? Esta es una de las preguntas que se hace Butler y a la que responde de manera contundente: el lenguaje es hegemónico, pero no totalitario ni determinista. Debemos esforzarnos por desenmascarar aquellos significados disfrazados de significantes, no obstante, tenemos la capacidad de resignificar muchos de ellos, de dar rienda suelta a la creatividad y construir utopías discursivas.

Habiendo analizado el marco de cognoscibilidad dualista, sumado a la inviolabilidad de la ciencia y su argumento ilustrado de autoridad, deviene manifiesto cómo la relación dialéctica sexo-género legitima la naturalización determinista del mismo sistema. "Una de las formas de asegurar de manera efectiva la estabilidad interna y el marco binario del sexo es situar la dualidad del sexo en un campo pre-discursivo"[26]. Es por lo tanto ineludible que comencemos a plantear desde el feminismo la abolición del sexo-género como estrategia política emancipadora.

Caminos trillados: el Hombre de Vitruvio y el mito de la universalidad

Desde Foucault hasta Butler, Žižek, Irigaray o Braidotti[27], el ser humano, el sujeto abstracto universal ha sido descubierto como esencialmente masculino. Al igual que la multiculturalidad universal de la que nos habla Žižek en *En defensa de la intolerancia* (2010), la universalidad del sujeto se descubre profundamente

26 *Ibidem*, p. 51.
27 BRAIDOTTI, R. (2015). *Lo posthumano*. Barcelona: Gedisa.

particular. Este descubrimiento se traduce en los estudios de género en la constatación de que el sujeto abstracto es siempre un *él*. Es lo femenino lo que está marcado por la diferencia, por la particularidad, mientras lo masculino ocupa los espacios cargados de agencia y unidad.

Advertir la particularidad de lo femenino conduce a comprender su exclusión del campo del *ser*. Irigaray en *Espéculo de la otra mujer* (1974), en contraposición a Beauvoir o Wittig, ni siquiera entiende lo femenino como lo marcado por la diferencia o la negatividad, sino que concluye que la mujer carece completamente de significación, de lenguaje, de representación y que, por consiguiente, nunca podrá ser sujeto[28].

Esta exclusión se hace palpable con tan solo echarle un vistazo al lenguaje hegemónico. El plural siempre es masculino, la "o" ha colonizado el discurso, "el Hombre" se utiliza como sinónimo de persona y las estructuras narrativas se organizan en torno a la masculinidad. Dentro de un régimen falogocéntrico posterior a la Ley paterna como el que nos constituye, resulta difícil poder llegar a imaginar la construcción de un sujeto femenino emancipado. Es por ello que Irigaray apuesta directamente por un desplazamiento que resignifique las estructuras lingüísticas radicalmente.

Es innegable que el modelo abstracto de ser humano genérico es masculino. Más allá del lenguaje; la estructura social, la ciencia, las dinámicas público-privadas o la existencia misma de un Dios masculino *creador del cielo y de la tierra*, dejan claro que, en Occidente, llevamos siglos de historia construyendo un sistema social desde y para el Hombre[29]. El feminismo que alumbrará estas páginas parte de esta constatación; un feminismo que se ha cansado de los dioses, la universalidad y los Hombres de Vitruvio.

---

28 BUTLER, J. Op. Cit. pp. 52-64.

29 El *Hombre* con mayúsculas pretende representar la masculinidad como concepto histórica-mente construido, no al hombre como sujeto individual, contingente y *biológico-socialmente* definido.

Cuerpos (des)orientados

Para comprender cómo el sexo-género se reifica en los cuerpos resulta crucial entender algunos de los mecanismos que utiliza. En primer lugar, el cuerpo es uno de esos conceptos que presenta una infinidad de definiciones posibles. Foucault nos dice que el cuerpo es "la superficie grabada de los acontecimientos"[30], mientras Preciado lo define como *somatec*[31] o Butler como "duración temporal sostenida culturalmente"[32].

Lo que es evidente es que el cuerpo –independientemente de su definición coyuntural– no existe al margen de la realidad cultural, histórica y política. En relación con este carácter político y su vinculación con el control, Michel Foucault ha realizado grandes aportaciones teóricas en la comprensión del cuerpo como objeto de biopoder. Desde el análisis del nacimiento de la biopolítica hasta el estudio genealógico de las formas de vigilar y castigar, se infiere que el cuerpo es siempre político en la medida en que está inserto en un campo de saber-poder[33]. Lo esencial de la aportación de este autor es la ampliación del campo del disciplinamiento, el control y la vigilancia más allá de la prisión. De esta forma, integra instituciones tales como hospitales, escuelas y fábricas como conformadoras de un *archipiélago carcelario*.

Si trasladamos la lógica anterior de *micropoder* al campo de la performatividad del género podemos encontrar grandes similitudes disciplinarias en sus imperativos. Ser mujer o ser hombre conlleva, tal y como nos explica Butler, una serie de comportamientos y prácticas corporales que reproducimos diariamente. En relación analógica, la correlación cuerpo-gesto, la articulación cuerpo-objeto o el imperativo de acatar ciertos mandatos convierten el género en un espacio repleto de

1. REAJUSTANDO LAS BRÚJULAS

30 FOUCAULT, M. (1978). Nietzsche, la genealogía, la historia. En *La microfísica del poder*. Madrid: La Piqueta. p. 148 *apud* BUTLER, J. (2017). *El género en disputa*. Barcelona: Paidós Ibérica. p. 225.

31 Preciado entiende la *somateca* como un aparato somático viviente que desborda el cuerpo. Véase en PRECIADO, P. (2020). *Yo soy el monstruo que os habla: Informe para una academia de psicoanalistas*. Barcelona: Anagrama.

32 BUTLER, J. Op. cit. p. 18.

33 FOUCAULT, M. (2016). *Nacimiento de la biopolítica*. Madrid: Ediciones Akal y FOUCAULT, M. (1998). *Vigilar y castigar*. Madrid: Siglo XXI Editores.

mecanismos disciplinarios y de control. Aun cuando pueda parecer que este disciplinamiento de género es propio de siglos anteriores asociados con una prescripción de los comportamientos binarios mucho más marcada, la realidad es que en pleno siglo XXI estamos lejos de habernos liberado de sus normas.

A los mandatos que modelan y esculpen los cuerpos a imagen y semejanza de estereotipos ideales de género se suma, actualmente, un *cercamiento de los cuerpos* presente en la sobrecarga laboral, la falta de seguridad, la mecanización de la vida, el racismo, el sistema penitenciario o la deuda. Es decir que, de manera interseccional, los cuerpos se ven sometidos a presiones y limitaciones estructurales en constante interrelación con el género[34].

Entre la gran serie de normas implícitas de ese contrato de diferencia sexual –que nunca escogimos firmar– podemos encontrar el deseo. La energía libidinal no es casual ni meramente física ni original. El deseo se presenta, desde el psicoanálisis, como un conjunto de desplazamientos sin fin que, mediados por la cultura, se ven encauzados hacia una determinada dirección. Encontramos así una matriz heterosexual de carácter obligatorio, incluso totalitario[35].

No existe hoy en día un consenso acerca de cuál podría ser –ni si la hay– una orientación sexual presuntamente *natural*, sin embargo, sí ha quedado demostrado que el sistema capitalista patriarcal ha escogido la heterosexualidad como la estructura de deseo más beneficiosa y rentable. "Los deseos sexuales, en su verdadera esencia, no aparecen nunca bajo la forma de las tendencias exclusivamente monógamas y familiares"[36]. Junto a la heterosexualidad; la monogamia y la familia nuclear se consagran como ritual de acceso a la vida social. Todo deseo que escape de esta Santa Trinidad es condenado al más oscuro y abyecto ostracismo[37].

---

34 FEDERICI, S. (2022). *Ir más allá de la piel: Repensar, rehacer y reivindicar el cuerpo en el capitalismo contemporáneo*. Madrid: Traficantes de Sueños.

35 BUTLER, J. Op cit.

36 GROSS, O. (2019). *Más allá del diván: sexualidad, autoritarismo, psicoanálisis y matriarcado*. Barcelona: Irrecuperables. p. 27.

37 *Idem*.

El deseo (tal y como se lo define socialmente) por lo tanto construye el género en la constante reafirmación del paisaje binario de la heterosexualidad al mismo tiempo que el género construye ese deseo mediante un abrumador constreñimiento del mismo –cuya (uni)direccionalidad se decide en base al sexo–. La homosexualidad, la bisexualidad o cualquiera de las orientaciones sexuales que abren brechas en esta matriz incuestionable, terminan poniendo de relieve la agencia de los sujetos y la corroboración de que el paquete cuerpo-género-deseo hegemónicos forman parte de una misma ley sociohistórica fruto de un sistema con nombre y apellido: capitalismo patriarcal. Cuerpos deseantes sometidos a una determinada orientación heterosexual, monógama y, en el caso de la feminidad, cuerpos y deseos negados en constante dependencia de la libido masculina[38].

Para tratar la prescripción de tal modelación del forzado encaje entre sexo, género y deseo, Sara Ahmed nos habla de la orientación de los cuerpos en el espacio. De cuerpos cuyos caminos y direcciones vienen previamente definidos por una determinada orientación hacia los *otros objetos, otros espacios* y *otros cuerpos*. De esta manera, la brújula con la que cargamos nos enseña los caminos orientados y rectos (heteronormatividad) en contraposición a los desorientados, curvados o errados (fuera de la norma). El *horizonte del cuerpo* termina así delimitando y condicionando cómo y qué *alcanzamos* a nivel anatómico, cognoscitivo y libidinal[39].

No podemos pasar por alto en este apartado la relevante alianza teórico-política entre movimientos *Queer* y *Crip*, descubriendo que, aun con distintas raíces, "poseen nexos de unión debido a la patologización en común a lo largo de los años, del control médico y legal, de la terapia y la rehabilitación, y de la dependencia a la aceptación social"[40]. El disciplinamiento de aquellos cuerpos y deseos tullidos, discapacitados o tarados constituye un eje principal en la definición institucionalizada de lo que entendemos

---

38 BUTLER, J. (2017). Lacan, Riviere y las estrategias de la mascarada. En *El género en disputa*. Barcelona: Paidós Ibérica. pp. 103-122.

39 AHMED, S. (2019). *Fenomenología queer: orientaciones, objetos, otros*. Barcelona: Edicions Bellaterra.

40 GARCÍA, M. (2023). *La resurrección de las monstruas. Asistencia sexual, entre deseos y placeres*. Madrid: Editorial Imperdible.

por normal, funcional e incluso deseable. Junto con la desviación sexo-genérica la multiplicidad de existencias y anatomías no normativas co-habitan en cuerpos equivocados, cuerpos fallidos, cuerpos (des)orientados.

Atajos ontológicos: disidencia y teoría queer

Disidencia, subversión, contrahegemonía, perturbación... ¿Qué implican en la práctica estos conceptos? ¿Qué ventanas de oportunidad están señalando en nuestras vidas cotidianas? ¿Qué trincheras? En primer lugar, podríamos decir que se trata de conceptos siempre relativos. La contrahegemonía no existe si la dejamos a solas sin su prefijo, la subversión le da la vuelta a *algo*, la disidencia rechaza una realidad con la que no está conforme... En definitiva, lo subversivo siempre se construye sobre la base de lo hegemónico.

Esta afirmación parece evidente y poco misteriosa, pero, de hecho, es una de las cuestiones más polémicas que podemos encontrar en debates filosófico-políticos. ¿La subversión está dentro o fuera? ¿Podemos disidir desde lugares innombrables? ¿Y desde un espacio discursivo ya corrompido? Frente a esta dicotomía del dentro-fuera en relación con el género, encontramos una serie de propuestas sumamente interesantes que pueden complementarse.

Por un lado, Butler, Preciado o el xenofeminismo[41] apuestan por la disidencia dentro del sistema que conocemos. No creen en un *afuera* posible, sino que defienden el desplazamiento perverso del lenguaje, identidad, cuerpo y sexualidad hegemónicas. Subvertir el lenguaje falogocéntrico pasaría por reivindicar un uso y una gramática diferente que escape del androcentrismo; como es la utilización de lenguaje inclusivo, el reclamo del plural femenino o

---

41 Feminismo nacido en 2015 a partir del manifiesto de Labora Cuboniks *Towards Xenofeminism: Gender, Tecnhology and Reason in the 21st Century*. Se trata de un feminismo que se abre continuamente a lo nuevo, al cambio y que apuesta por la tecnología como herramienta de emancipación feminista.

la creación de términos que construyan realidades históricamente (in)existentes[42].

Las disidencias en términos de identidad de género, cuerpo y orientación sexual se relacionan con la teoría queer, el no binarismo, la multiplicidad del género y el retorno a la *disposición perversa polimorfa*[43]. Butler nos habla de la *parodia del género* como aquellas prácticas que ponen de manifiesto que el género supone un lugar ontológico "fundamentalmente inhabitable"[44]. En el caso de la persona travesti[45] "al imitar el género, la travestida manifiesta de forma implícita la estructura imitativa del género en sí, así como su contingencia"[46].

La transexualidad se incluiría como otra de las prácticas y existencias que altera el orden establecido del sistema sexo-género emigrando a sus márgenes. Siguiendo a Mary Douglas en *Pureza y peligro* (1966), Butler afirma que "todos los sistemas sociales son vulnerables en sus márgenes (...) por tanto, todos los márgenes se consideran peligrosos"[47]. Con respecto a la transición de género, Preciado argumenta sagazmente cómo estas transiciones presentan niveles de violencia material y simbólica mucho menores que las que ejerce cotidianamente el sistema de manera estructural[48]. En este sentido y en consonancia con los principios xenofeministas, apuesta por la apropiación de la tecnología y la medicina para fines feministas al estilo de un Robin Hood del género.

Si nos adentramos además en la cuestión reproductiva como pilar básico de la opresión y control patriarcales sobre los cuerpos

---

42 Términos como *queer, misgendering, mansplaining,* persona *cis, bifobia, deadname, passing, disfo-ria de género,* etc.

43 En psicoanálisis el *perverso polimorfo* hace referencia a una sexualidad *originaria* sin dirección concreta y libre de constreñimientos culturales.

44 BUTLER, J. Op. cit. p. 250.

45 La persona *travesti* se refiere a una persona que se viste con ropa estipulada socialmente como propia del género opuesto. Su particularidad es propia del campo estético y no tiene por qué revelar información sobre su identidad de género u orientación sexual.

46 *Ibidem,* p. 237.

47 BUTLER, J. (2017). *El género en disputa.* Barcelona: Paidós Ibérica p. 229.

48 PRECIADO, P. (2020). *Yo soy el monstruo que os habla: Informe para una academia de psicoanalis-tas.* Barcelona: Anagrama. p. 53.

gestantes, la tecnología se revela como principal herramienta de liberación y empoderamiento, mientras "el transfeminismo hace hincapié en los profundos vínculos existentes entre la emancipación trans y los derechos de las personas embarazables, en parte porque ambos se fundan en concepciones acerca de la autodeterminación y el cuerpo como sostén del género"[49].

En conclusión, la subversión de género dentro del sistema trata de desplazar, invertir y remover sus cimientos opresivos a partir del juego con los elementos existentes. Jugar con el lenguaje, con la identidad, con la forma de vestirnos, de mostrarnos ante el mundo, de relacionarnos, de amar... El resultado de esta alteración abre espacios nuevos de existencia. Espacios y cuerpos abandonando lugares invisibilizados para adentrarse públicamente en legítimas *zonas del ser*[50].

Por otro lado, existen propuestas de disidencia político-poéticas que tratan de escapar de la unidad, del espacio interior, alzando el vuelo hacia cielos abiertos alejados de los límites terrenales de la vida social. Julia Kristeva nos presenta lo semiótico como el espacio a través del cual construir nuevas narrativas no-identitarias, libres y ontológicamente indeterminadas. Lo semiótico es propio del arte, de lo poético. A diferencia de lo simbólico, esta dimensión nos permitiría acceder a aquello primario, indeterminado, a la heterogeneidad de la libido[51].

De esta manera, Kristeva y otras muchas pensadoras, ven la subversión *real* en la exterioridad, en el afuera, ya que dentro siempre vamos a estar condicionadas por la ley paterna. Salirse de lo simbólico implica al mismo tiempo la renuncia a ser sujetos y a comunicarnos a través del lenguaje conocido. Butler replicará entonces que esta estrategia se vuelve imposible en términos tangibles y realizables, por lo que la subversión se presentaría en este caso como un nuevo fantasma.

---

49 HESTER, H. (2018). *Xenofeminismo: tecnologías de género y políticas de reproducción*. Buenos Aires: Caja Negra. p. 131.

50 Zona del ser y del no-ser en FANON, F. (2018). *Los condenados de la tierra*. Madrid: Fondo de Cultura Económica.

51 BUTLER, J. (2017). La política corporal de Julia Kristeva. En *El género en disputa*. Barcelona: Paidós Ibérica. pp. 154-174.

Tanto las propuestas emancipadoras interiores como exteriores apuntan en definitiva a un mismo problema, una misma causa de opresión. Sea cual sea la estrategia escogida, el cuestionamiento de las estructuras hegemónicas interiorizadas como sentido común, normalidad o *lo natural*, siempre abre caminos inhóspitos que debemos transitar si queremos aventurarnos en el viaje de la abolición del género. Siguiendo a Drucilla Cornell: "no hay nada radical acerca del sentido común"[52] y, por consiguiente, compartiendo espacios de *anormalidad*, el agregado de las *tácticas*[53] del adentro y del afuera, nos permitirán avanzar en nuestros objetivos.

Al mismo tiempo, el sentido común siempre implica un espacio de comunicación con el otro, pero, deberemos ser cautas si no queremos terminar naturalizándolo hasta volverlo incuestionable. Lo queer, la creatividad poética y artística y la subversión –con sus *sentidos comunes* particulares– caminan de la mano en una misma dirección. Una ontología de la disidencia, desde la perspectiva feminista de esta investigación, integra necesariamente estos elementos en pos de una liberación inclusiva y respetuosa con la multiplicidad de existencias.

ECOFEMINISMO MATERIALISTA: GUÍAS Y MAPAS

El ecofeminismo, al igual que el feminismo posestructuralista y la teoría crítica, se refiere a una mirada de análisis. Es precisamente porque constituye una mirada, un enfoque, una epistemología, que resulta necesario incluirlo junto al resto de líneas teóricas desde las que parte la investigación. En pocas palabras, el ecofeminismo, tal y como se puede deducir del término, busca apuntar a relaciones estructurales de opresión entre la naturaleza y lo femenino. Mediante un análisis de la evolución histórica de los marcos conceptuales occidentales, esta corriente concluye

---

52 Butler, J. Op. cit. p. 22.

53 *Tácticas* contrahegemónicas en oposición a las *estrategias* hegemónicas en la definición de resistencia de Michel de Certeau.

que se ha forjado, de facto, una íntima identificación entre
mujer[54] y entorno natural de cuyas consecuencias e implicaciones
continuamos adoleciendo en la actualidad.

¿Qué significa entonces el adjetivo "materialista" en materia de
ecofeminismo? Pese a lo que pueda parecer en un primer momento,
el feminismo materialista-(de)constructivista no es una rama, una
subdivisión más dentro del ecofeminismo, sino que su radicalidad
actúa de un modo que lo vuelve independiente. A diferencia del
ecofeminismo clásico y de algunos ecofeminismos espiritualistas,
el materialista rechaza de raíz cualquier deriva esencialista de
lo femenino. Quizás podría llegar a resultar más correcto hablar
de materialismo ecofeminista en un caso como este, en el que el
enfoque radical precede a los enfoques ecologista y de género.
En definitiva, el ecofeminismo utilizado en este análisis trata
de exponer el origen y desarrollo del vínculo histórico entre
aquello definido como femenino y *aquello definido como natural,*
alineándose con principios de orientación materialista, así como
del feminismo postestructuralista.

Una de las principales dimensiones críticas de esta mirada hace
referencia a una serie de dualismos jerarquizados que conducen y
construyen nuestras miradas occidentales. En relación con estos
dualismos, Val Plumwood se erige como una de las primeras
ecofeministas en estudiar en profundidad –a finales del siglo
pasado– esta cuestión; presentando su ontología y responsabilidad
en la organización mercantilista de la vida. Partiendo del "punto de
vista del dominio", la razón se sobrepone a la emoción, la cultura
a la naturaleza, el hombre a la mujer, el ser humano a las especies
no humanas[55].

A través de un análisis genealógico, el ecofeminismo materialista
expone cómo se ha abierto, desde la filosofía aristotélica hasta
la revolución ilustrada del siglo XVIII, la brecha aparentemente
irreconciliable entre mundo racional-ideal y mundo emocional-

---

54 En estas páginas se utiliza *mujer* como concepto históricamente construido en identificación con determinados genitales. Se derivan de esta construcción cuestiones tratadas en
apartados subsiguientes: ¿Qué significa ser mujer? ¿Cómo marcamos la delimitación del
cuerpo femenino-masculino? ¿Qué nos hace reconocernos como colectivo unitario dentro
del feminismo?

55 PLUMWOOD, V. (1993). *Feminism and the Mastery of Nature.* Oxford: Routledge.

material y cómo esta separación funciona como base legitimadora de todo tipo de opresiones sobre las mujeres, la naturaleza, los animales no humanos y el Sur global.

Ya en el siglo IV a.c. Aristóteles establece, por medio de una justificación ontológica, una jerarquía clara entre los seres que habitan la tierra. El cuadro resultante del orden político sitúa en el escalafón más alto al ciudadano de la polis frente al bárbaro. En un segundo nivel de análisis, dentro de la categoría ciudadano, es el hombre quien se entiende como propietario del monopolio de lo público, de lo legítimo y de la voz soberana mientras las mujeres, los esclavos y los animales no humanos ocupan los rangos bajos, excluidos de toda posibilidad de ser sujetos o ejercer derechos políticos. Aristóteles inaugura así la opresión sobre las *otredades cosificadas* fundamentada en esencialismos cercanos a la justificación divina. Solo el hombre es capaz de acceder al espacio de la razón y de la mente, mientras el resto de seres se revelan víctimas de su propia corporalidad salvaje, torpe e iletrada. Se deduce de aquí que únicamente el ciudadano, según lo define el orden jurídico, es apto para gobernar, organizar o dirigir la vida pública[56].

Con esta jerarquización de la vida social es como se organizan en los siglos posteriores las sociedades occidentales, por lo que no debe resultarnos extraño encontrar un gran número de pensadores, filósofos y políticos que han continuado este legado reforzando el dualismo mente-cuerpo. En esta materia no podemos pasar por alto al filósofo por excelencia que refuerza esta distinción: René Descartes.

Filósofo, matemático y físico francés del siglo XVII, Descartes es popularmente conocido por la introducción de la *brecha cartesiana* o *dislocamiento metafísico*. Como padre del pensamiento dualista, establece las diferencias clave entre alma y cuerpo, razón y emoción y cultura y naturaleza. Partiendo de la metafísica clásica, Descartes sentará las bases de la filosofía occidental construyendo sujetos cognoscentes que se perciben independientes de toda

---

56 PULEO, A. (2019). *Claves ecofeministas: para rebeldes que aman a la tierra y a los animales.* Madrid: Plaza y Valdés.

realidad cognoscible. La razón domina la emoción, la mente al cuerpo y la cultura a la naturaleza.

Estos dualismos jerarquizados se extienden al género y a la raza en el momento en el que la mujer y los esclavos son concebidos como parte del entorno natural. La naturaleza es salvaje, impredecible e irracional por lo que aquellos cuerpos que entran en contacto con ella –mediante el trabajo o la procreación y cuidado de la vida– deben necesariamente también serlo. Desde este momento, lo femenino se asocia –de manera muchas veces inconsciente en los marcos occidentales– con la naturaleza, la tierra, la irracionalidad de la emoción, la corporalidad, la animalidad, lo primitivo y lo privado; mientras lo masculino se presenta identificado con la cultura, la racionalidad de la mente, la humanidad, lo civilizado, lo público e incluso, la universalidad.

Por último, una de las más importantes revoluciones históricas que ha servido de cómplice de toda esta jerarquización de los saberes y los cuerpos es la revolución ilustrada. Es innegable la influencia que este *desencantamiento* de la vida, desmitificación del mundo e iluminación humana ha tenido como gran proyecto *epistemicida*[57]. Desde el lema revolucionario francés "Liberté, egalité, fraternité" hasta la construcción de la ciencia, la Ilustración nace desde y para el hombre blanco burgués. Ya apuntarán sobre la exclusión de la mujer en materia de derechos pensadoras como Olympe de Gouges, Mary Wollstonecraft o Carol Pateman en *El contrato sexual* (1988)[58].

Weber con su crítica a la racionalización de la vida, Adorno y Horkheimer desvelando el carácter mitificado de la propia razón o Heidegger con el juicio al *olvido del ser por el ente*[59], apuntan conjuntamente a una misma superioridad metafísica, ilustrada, idealista y, en último término, completamente irracional, que supedita los cuerpos y saberes en los márgenes a una posición de inferioridad. Esta crítica al positivismo y su pretendida objetividad constituirá la base de las epistemologías crítica y hermenéutica.

---

57 Término acuñado por Boa Ventura de Sousa Santos referido a la destrucción de saberes y conocimientos a consecuencia de un supremacismo epistemológico.

58 PATEMAN, C. (1995). *El contrato sexual*. Barcelona: Anthropos.

59 Heidegger en *Ser y tiempo* (1927).

El ecofeminismo parte a su vez de dichas epistemologías con el objetivo de resucitar y revalorizar la otra cara de la moneda enmudecida por la ciencia moderna ilustrada. Cuerpos, cuidados, conocimientos y emociones ecofeministas serán reivindicados como elementos fundamentales para la reproducción de la vida. Guías y mapas de los que tenemos mucho que aprender en un escenario de emergencia ecosocial como el que vivimos actualmente.

Feminidad, naturaleza y otras intersecciones

Como hemos visto, compartir una misma posición dominada en el esquema occidental patriarcal es algo que tienen en común la naturaleza y lo femenino desde hace siglos. Por desgracia, este espacio subordinado está lejos de ser ocupado tan solo por estas categorías cerradas, sino que cohabitan con ellas los países colonizados del Sur global y el resto de especies no humanas. Necesitaremos por lo tanto hacer uso de una mirada interseccional para comprender al completo los mecanismos de dominación ejercidos por los dualismos anteriormente descritos.

En primer lugar, el análisis ecofeminista no puede entenderse sin integrar en él la cuestión colonial y de raza. Vandana Shiva, el movimiento zapatista, los feminismos comunitarios de *Abya Yala*[60], Aura Cumes o Silvia Rivera Cusicanqui constituyen algunos de los referentes básicos en razón de ecofeminismo anticolonial. Llevando por bandera la defensa de ese "buen vivir"[61], los ecofeminismos del Sur han tratado de mostrar la profunda conexión entre la filosofía dualista occidental y el expolio de sus territorios. Desde que se desarrollara ampliamente el colonialismo europeo en los siglos XVIII y XIX, el Sur global se construye conceptualmente como territorio subsidiario de la metrópolis. Los pueblos indígenas que los habitaban no estaban civilizados, eran salvajes e irracionales,

---

60 Término acuñado por el pueblo Kuna/Guna originario de Colombia y Panamá para designar el continente americano.

61 Forma de vida reivindicada por pueblos indígenas de Abya Yala que alude a una vida en comunidad, pacífica y en conexión con el medio ambiente.

por lo que, siguiendo la lógica cartesiana, debían terminar siendo objeto del control civilizatorio.

Con el surgimiento del liberalismo clásico y, concretamente, de la mano de John Locke y John Stuart Mill, se constituye una determinada subjetividad legal-moderna vinculada al racionalismo y al paso de la tierra como *propiedad común del género humano* a su *apropiación privativa* por los países *civilizados* poseedores de tecnología en complicidad muchas veces con las élites locales. Este claro etnocentrismo, junto con el establecimiento de una racionalidad utilitarista y explotadora, justifica las más atroces agresiones al medio natural. La explotación de la tierra en complementación con el control de los procesos de comercialización señala los principios del liberalismo clásico como evidentes instrumentos al servicio de los intereses de un capitalismo colonial. La definición de John Stuart Mill de la apropiación y del trabajo de la tierra como imperativos éticos reforzaría al mismo tiempo la legitimación de todo tipo de genocidios, expolios y *biosaqueos* que se siguen perpetrando en la actualidad[62].

A propósito de estas transgresiones, las denuncias en los años 80-90 de Vandana Shiva referentes a la *biopiratería* como práctica instituida y amparada legalmente por un régimen jurídico propiamente neoliberal han tenido un fuerte impacto. Shiva pone de relieve la vulnerabilidad a la que se enfrentan, especialmente, las mujeres agricultoras de países del Sur global, como la India, a consecuencia de un neocolonialismo biotecnológico[63].

En segundo lugar, es indispensable hablar de la subordinación y exterminio masivo al que se enfrentan cotidianamente el resto de especies no humanas. Si las mujeres y los pueblos colonizados ya pertenecen a un estrato inferior dentro de la escala de valor humana, la naturaleza y los animales no humanos carecen radicalmente de derechos y de ningún tipo de consideración. Actualmente, solo muy excepcionalmente como en Ecuador, Bolivia, Nueva Zelanda... se reconoce la naturaleza como sujeto de derecho abstracto. Por lo demás, las constituciones en las que están recogidos los derechos

---

62 FRUTOS, J. A. (2010). La tierra y la naturaleza en el horizonte de la subjetividad moderna. *Revista de Fomento Social*, 33-56.

63 SHIVA, V. (2001). *Biopiratería: el saqueo de la naturaleza y el conocimiento*. Barcelona: Icaria.

46

de los animales no humanos, lo hacen desde una perspectiva claramente antropocéntrica.

El producto de este menosprecio al resto de especies se hace visible en multitud de prácticas profundamente naturalizadas. Desde la concepción de los animales de compañía como "mascotas" de nuestra propiedad carentes de autonomía hasta el genocidio en masa de animales en macrogranjas para el consumo humano, los animales no humanos son fuertemente desubjetivados, al mismo tiempo que su sufrimiento es silenciado e invisibilizado por las industrias cárnica, textil, cosmética, farmacéutica, etc.

En lo que respecta a la violencia ejercida contra los animales no humanos, Andreé Collard y Charles Patterson señalan esta como origen del resto de violencias ejercidas sobre el conjunto de *humanos de segunda*; mujeres y personas racializadas. Sexismo, racismo y especismo aparecen así de manera inseparable en su comprensión como una *violación* conjunta *de lo salvaje*[64]. La feminización-sexualización de los animales y la animalización de las mujeres tampoco resultaría de este modo una casualidad histórica, sino que es, frecuentemente, su misma identificación la causa de las múltiples agresiones sobre sus cuerpos.

En *La política sexual de la carne* (1990), Carol J. Adams analiza exhaustivamente cómo el consumo de carne desde la óptica androcéntrica presenta visibles similitudes con el consumo pornográfico de los cuerpos femeninos. La reducción a carne desubjetivada, el troceamiento o fragmentación anatómica de los cuerpos y las prácticas ligadas al referente ausente[65], visibilizan una profunda asociación inconsciente producto de un *carnofalogocentrismo*[66] desmedido.

La distinción que establece Isabel Balza entre cuerpo y carne como subdivisión dentro de la categoría cartesiana de "cuerpo",

64 COLLARD, A, & CONTRUCCI, J. (1988). *Rape of the wild*. London: The Women's Press.
65 El *referente ausente* es un término utilizado por Carol J. Adams en *La política sexual de la carne* (1990) para hacer referencia a la ausencia de la percepción de la muerte del animal cuando comemos un trozo de carne, al igual que la ausencia del proceso productivo.
66 Concepto que utiliza Jacques Derrida para referirse a un sistema regido por la dominación masculina sobre los cuerpos de consumo tales como los animales y las mujeres.

resulta ciertamente significativa para comprender profundamente los mecanismos ejercidos por la *biopolítica de la carne*.

Figura 1. Imagen de la revista española XLSemanal del año 2013.

Mujeres y animales no humanos comparten, siguiendo esta lógica, un cierto parentesco a través de su mera reducción a trozos de carne deshumanizados[67] **(Figura 1)** mientras el consumo de carne se exterioriza como práctica fundamental en la construcción de la masculinidad hegemónica. Lo que conocemos hoy como *políticas de la nueva carne* reforzarán este análisis, dejando al descubierto un imaginario de la carne indisociablemente ligado a una animalidad salvaje e inquietante[68]. Tal y como mascula Seth a Veronica en el filme *La mosca* (1986) para convencerla de fusionar y transformar su cuerpo: "¡No puedes superar el miedo enfermizo de la sociedad por la carne!".

Vislumbrar el punto de intersección entre feminidad, naturaleza y pueblos colonizados se manifiesta imprescindible en la definición histórica del sujeto de derecho occidental. En este sentido, cuestionar las bases de la ética que delimita los criterios

---

67 BALZA MÚGICA, I. (2018). *Una biopolítica feminista de la carne: la gestación subrogada como ejemplo de los vínculos de opresión entre las mujeres y los animales no humanos*. As-parkía. *Investigació Feminista*, (33), pp. 27-44. Recuperado a partir de https://www.e-revistes. uji.es/index.php/asparkia/article/view/3273.

68 FÉRNANDEZ GONZALO, J. (2019). *Políticas de la nueva carne. Perversiones filosóficas en David Cronenberg*. Barcelona: Holobionte Ediciones.

de adscripción al campo jurídico del ser-con-derechos será uno de los elementos sobre los que pivota la propuesta ecofeminista presentada a continuación.

El papel de los afectos en la transición ecológica

La mirada filosófica feminista es el resultado de la combinación entre pensamiento y praxis. Hasta este momento hemos repasado las principales líneas teóricas que sustentan esta mirada, no obstante, resulta crucial formular algunas de las principales propuestas –referidas a una ética de las emociones y transformaciones sistémicas– que conforman su praxis.

En primer lugar, la ética de las emociones o *ética del cuidado* es una de las iniciativas ecofeministas más radicales al incidir directamente en los pilares sociohistóricos que delimitan los campos de la moral, el respeto, el derecho y, a fin de cuentas, las condiciones de existencia. Carol Gilligan en *In a Different Voice* (1982) y Joan Tronto en *Caring democracy: Markets, equality and justice* (2013) han teorizado de forma aguda acerca de la necesaria revolución ecofeminista en el campo ético. En sintonía con los principios del cuidado y la protección de la vida, califican la ética androcéntrica como fría, racionalista y, en último término, violenta.

Al advertir cómo el androcentrismo racionalista colonizador de toda emoción se ha inmiscuido en los fundamentos éticos de la política y jurisdicción modernas, se vuelven explicables muchos de los mecanismos políticos extremadamente fríos, burocracia portadora de una violencia material y simbólica alarmante. "Las ansias de poder y las actitudes de dominación se deben a la estructura patriarcal que subyace en todos los ámbitos de la sociedad"[69]. Patriarcado, capitalismo, degradación ambiental, violencia y militarismo presentan –partiendo de esta

---

69   VELASCO SESMA, A. (2014). Resistencia no violenta para una sociedad igualitaria y sostenible: el pensamiento de Petra Kelly. *Daimon. Revista Internacional de Filosofía, (63)*, 113-129. p. 119.

ética específicamente masculina– una conexión profunda que los desvela como socios inseparables[70].

La ternura, el pacifismo, la desmilitarización y el cuidado aparecen como reivindicaciones básicas de una ética de las emociones que es capaz de extirpar el miedo al otro para construir un mundo justo y respetuoso entre los seres humanos y el resto de especies. Una ética que subraya la urgente y necesaria redefinición de "poder" "de forma que sea un poder feminista (...) que es un poder *con* los otros y no *sobre* los otros"[71]. Lo que nos recuerda a aquella distinción clave de John Holloway con la que remarca la diferencia elemental entre *poder-sobre* dominante y *poder-para* hacer libre y creativo[72].

Para presentar el camino de transición ecológica propuesto por el ecofeminismo, la filósofa feminista Alicia Puleo nos sirve de brújula para guiarnos por sus más recónditos rincones. En una dimensión más radical, filosófica o existencial, Puleo apuesta por tres profundas transformaciones. En primer lugar, deviene primordial invertir el sentido negativo de libertad para erigir una concepción que comprenda la igualdad y la autonomía como caras de una misma moneda que solo puede funcionar en colectivo. En segundo lugar, la urgente universalización de los cuidados, transformación basada en la generalización de esa *ética de las emociones* y de una pedagogía del cuidado desde los primeros estratos educativos. En tercer y último lugar, y siguiendo el proyecto feminista radical, deconstruir el androcentrismo congénito que permea nuestras identidades sexo-género organizando la vida social y política en torno a valores racionales, violentos y ecocidas[73].

Por otro lado, es también preciso presentar las propuestas de carácter más técnico-material referentes a una transición energética y de recursos. Brevemente, es para Puleo fundamental reconocer la tecnología como posible aliada y no tan solo como enemiga, apostar por el decrecimiento redistributivo y justo, la sororidad

---

70   KELLY, P. (1997). *Por un futuro alternativo*. Barcelona, Paidós.

71   VELASCO SESMA, A. Op. Cit. p. 124.

72   HOLLOWAY, J. (2003). *Cambiar el mundo sin tomar el poder*. Barcelona: El Viejo Topo.

73   PULEO, A. (2019). *Claves ecofeministas: para rebeldes que aman a la tierra y a los animales*. Madrid: Plaza y Valdés.

internacional, una economía basada en el cuidado, modelos más sostenibles y respetuosos con el medio como la agroecología, la renaturalización y el fomento de pactos de *ayuda mutua*[74]. Todas estas propuestas ecofeministas se analizarán y revisarán de forma más amplia en apartados posteriores en contraposición con otros proyectos de futuro ecosostenible.

No obstante, Puleo y otras muchas ecofeministas advierten sobre la fragilidad de los momentos transicionales en los que grupos con determinados intereses se inmiscuyen desacreditando todas aquellas propuestas que no les son ventajosas y proponiendo una serie de políticas y soluciones señaladas y descubiertas como *capitalismo verde*. Deberemos por lo tanto revisar algunos de estos cantos de sirena a fin de evitar quedar absortas en sus dulces melodías.

Como hemos visto a lo largo del marco teórico –y pese a que gran parte del ecofeminismo está todavía y actualmente atrincherado en políticas esencialistas y conservadoras– podemos decir que la mirada que intersecciona toda esta investigación se declara ecofeminista, materialista y crítica. El conjunto de las tres patas sostiene los fundamentos de una propuesta de subjetividad posthumana. Propuesta cuyo principal objetivo se alinea más con abrir interrogantes que con dar respuestas. Especialmente con no dar respuestas cerradas, excluyentes y definitivas a una realidad profundamente compleja y rizomática cuyas múltiples aristas, líneas y vértices trataremos de problematizar.

1. REAJUSTANDO LAS BRÚJULAS

---

74   Término popularizado por Piotr Kropotkin a partir de su conocida obra *El apoyo mutuo* de 1902.

2

DESAFÍOS SÍSMICOS DEL TARDOCAPITALISMO

Tardocapitalismo, segunda modernidad, era global, modernidad reflexiva, sociedad de la información, modernidad líquida... ¿Cómo caracterizan estos términos la realidad social presente? ¿En qué se diferencian? ¿Qué implicaciones traen consigo cada uno de ellos? Aun cuando cada una de estas acepciones ha sido desarrollada, en menor o mayor medida, por autores y autoras diferenciados, todos ellos hacen referencia a un período histórico de características y fenómenos compartidos. El tardocapitalismo a diferencia del capitalismo temprano, se mueve a través de unas relaciones sociales, políticas y económicas profundamente heterónomas y alineadas con lo que conocemos como *neoliberalismo*. Trato de presentar seguidamente cinco particularidades sistémicas propias de esta etapa de desarrollo capitalista en incesante interrelación con la tecnología: la información, la vigilancia, el riesgo, el subempleo y la individualización del consumo.

En primer lugar, una de las formas más comunes para referirnos a esta etapa es *la sociedad de la información*. Este término hace referencia a una organización social que se estructura alrededor del capital cognitivo, de la información. De este modo, las principales mercancías de este estadio del capitalismo pasan a ser los datos y el conocimiento. La creación, el desarrollo y la distribución de este conocimiento aparece mediado por la tecnología a nivel global, de manera que asistimos a una sobresaturación cognitiva, un modelo de sociedad por donde fluye de manera constante e ininterrumpida un amplio oleaje de información.

El desarrollo de las tecnologías de la información y de la comunicación (TIC) cumple en esta etapa un papel imprescindible a la hora de intercambiar capital cognitivo controlando de manera efectiva el *qué*, el *cuándo* y el *cómo* de esta transmisión. Es en consecuencia fundamental entender la comunicación de la posmodernidad como una constante interrelación inseparable entre información, tecnología y capital. Hoy en día estos tres elementos se comprenden en conjunto, de forma que su aislamiento como conceptos ideales implicaría un sesgo radical para su análisis.

En segundo lugar, vale la pena hacer referencia brevemente al desarrollo tecnológico del tardocapitalismo en relación con un estado de control e hipervigilancia. En *La era del capitalismo de la vigilancia* (2020) o *Psicopolítica* (2021), encontramos análisis acerca de cómo el control debe necesariamente incluirse en la ecuación para comprender la relación tecnología-capital. Las nuevas formas de recolección masiva de datos, control informático y una biopolítica de la vigilancia despiertan nuevos debates éticos en el seno de una sociedad convertida en *panóptico digital*[75].

En tercer lugar, en *La sociedad del riesgo global* (1986), Ulrich Beck señala el riesgo como pilar básico constitutivo del tardocapitalismo. A diferencia de la *posmodernidad* de Jameson[76], la sociedad del riesgo global redefine completamente la primera modernidad, diferenciándose de ella y construyendo un sistema caracterizado por la globalización, la *individualización*[77], la revolución sexual y de género y el subempleo[78].

Uno de los elementos básicos de la crítica de Beck a la sociedad del riesgo pasa por subrayar la evidente descentralización de la responsabilidad y la consecuente impunidad de los actores gubernamentales y económicos —lo que él denomina

---

75 HAN, B.-C. (2021). *Psicopolítica*. Barcelona: Herder Editorial.

76 JAMESON, F. (1991). *El posmodernismo o la lógica cultural del capitalismo avanzado*. Barcelona: Paidós.

77 En *La sociedad del riesgo global* (1986) Beck se refiere a la *individualización* como la institucionalización del individualismo a través de las dinámicas mercado-estado.

78 BECK, U. (2006). *La sociedad del riesgo global*. Madrid: Siglo XXI.

como *irresponsabilidad organizada–*. En consonancia con esta denuncia, Mark Fisher expone homólogamente las similitudes entre el funcionamiento de un *call center* y el del capitalismo descentralizado, ambos sistemas impersonales, abstractos y fragmentarios[79].

Los riesgos referidos al subempleo, la pérdida de seguridad ontológica, la soledad y las amenazas derivadas de la destrucción de la naturaleza ofrecen un mapa de grietas en constante apertura. Es fundamental por lo tanto para Beck situar el riesgo como elemento común y transversal a todas las mecánicas propias del tardocapitalismo o segunda modernidad.

En cuarto lugar, Donna Haraway, Rosi Braidotti o Silvia Federici realizan importantes aportaciones con respecto a la feminización del empleo global como consecuencia del desarrollo de la tecnología capitalizada. Siendo víctimas de una *informática de la dominación*[80], las clases más empobrecidas, junto a las mujeres a escala global, son empujadas diariamente hacia los escalones más bajos, los suelos más pegajosos y las vidas más precarias. El subempleo se presenta así, ya no solo como consecuencia del tardocapitalismo, sino como propio motor de este. Una división sexual e internacional del trabajo estratégicamente ubicada en lugares invisibles, enmudecidos, libres de supervisión legal.

En quinto y último lugar, es ineludible hacer referencia a la sociedad de consumo y al aislamiento de los sujetos como principal vía de reproducción. El desarrollo cada vez más sofisticado, penetrante, emocional e inconsciente de la publicidad pone de relieve una profunda colonización de la vida emocional de los sujetos, una colonización que no se corta en economizar el goce y apropiarse de cada rincón del alma humana. El *homo economicus* consigue erigirse como nuevo *ser humano* determinando las condiciones de (im)posibilidad en un establecido y aparentemente inamovible "There Is No Alternative"[81].

79 FISHER, M. (2016). *Realismo capitalista: ¿no hay alternativa?* Buenos Aires: Caja Negra.

80 HARAWAY, D. (2020). *Manifiesto Cíborg.* Madrid: Kaótica Libros.

81 "There Is No Alternative" (TINA) es uno de los eslóganes más conocidos atribuido al gobierno de Margaret Thatcher. Con este eslogan se buscaba reafirmar y convencer sobre la imposibilidad de un cambio de sistema fuera de las dinámicas de mercado mundializadas.

El conjunto de estos cinco elementos básicos es clave para visualizar una primera imagen general del momento histórico que atravesamos. Asimismo, esta etapa aparece definida a partir de un proceso de globalización mundial colonial-patriarcal y el cuestionamiento, por parte del mercado global, de las fronteras que delimitan los estados. La consecuencia de esto se hace visible en la relativización del estado-nación como unidad de análisis. Son también cruciales la alteración multiplicadora de la estructura comunicativa clásica emisor-receptor, el control biotecnológico sobre los cuerpos y, sobre todo, la institucionalización global del riesgo y de la incertidumbre. Nos detendremos en profundidad en estos elementos a lo largo del capítulo.

El objetivo principal del mismo es localizar aquellas grietas abiertas por las dinámicas inherentemente constitutivas del tardocapitalismo. Al tratarse de una temática tan amplia, realizaremos un recorrido sucinto y estratégico por cada uno de sus rasgos básico. Es en aquellas brechas donde encontramos rupturas con el primer capitalismo y cuyas consecuencias se manifiestan colmadas de incertidumbre, miedo y precariedad. Es sin embargo en el vacío de estos espacios quebrantados donde hallamos potencias renovadas y propuestas valientes en sintonía con una energía emancipadora de lo (in)existente. El análisis de la crisis y los riesgos –de la subjetividad, de la epistemología ilustrada y del ecosistema– precede así al segundo capítulo acerca de las encrucijadas de la propuesta posthumana, recorriendo en profundidad una serie de desafíos fracturados.

CRISIS DE LA SUBJETIVIDAD OCCIDENTAL Y SU COLONIZACIÓN NEOLIBERAL

No podemos hablar de la subjetividad que predomina en nuestra sociedad actual tardocapitalista sin hablar de neoliberalismo. Tal y como sabemos, el triunfo del neoliberalismo se debe a su propio carácter fantasmal, emocional e inconsciente. Los principios mercantilistas han permeado las subjetividades, orientando sus acciones, constriñendo el pensamiento y enajenando el deseo. Un sistema ideológico que se fundamenta en la subjetividad es un sistema económico particularmente sofisticado, precisamente por su imperceptibilidad. Al conseguir que el sujeto se entienda a sí mismo de forma económica, este reproduce sus mecanismos vía inconsciente.

Podríamos resumir esta subjetividad neoliberal en el tan conocido *homo economicus* de John Stuart Mill más adelante desarrollado por Adam Smith y defendido por el liberalismo económico clásico. El concepto de *homo economicus* gira en torno a un sujeto que se entiende como empresario de sí mismo guiando sus comportamientos y elecciones de manera racional. Según la ley de *la mano invisible* y del *laissez faire*, los intereses racionales individuales coinciden necesariamente con los intereses colectivos desde el momento en que la razón tiende al equilibrio y al cálculo matemático sin errores. Como una fórmula mágica, utilizar la razón mercantilista debe obtener invariablemente como resultado la creación de sociedades igualitarias, pacíficas y opulentas[82]. Diez minutos dirigiendo la mirada al telediario son suficientes para advertir la falsedad de este axioma.

Aun teniendo su origen en la Europa del siglo XVIII, la evolución del *homo economicus* ha ido variando y adaptándose a los diferentes contextos geográficos y sociopolíticos. Podemos situar así el *homo economicus* tardocapitalista como un sujeto construido en torno a diferentes dimensiones o elementos que lo convierten en culturalmente hegemónico en un escenario de capitalismo tardío digitalizado. La masa aislada, la incerteza ontológica, las identidades como proyectos, el yo como espectáculo y el deseo enajenado se presentan de esta manera como pilares constitutivos de una forma de entendernos con-nosotras mismas y con-los-otros.

Pese a que suene paradójico, la masa aislada hace referencia a una sociedad que se ha vuelto solitaria por un exceso de "compañía" y por la destrucción de todo aquel espacio público-colectivo. Debería preocuparnos que la sociedad más comunicada

---

82   Adam Smith en *La riqueza de las naciones* (1776).

2. DESAFÍOS SÍSMICOS DEL TARDOCAPITALISMO

globalmente de la historia se perciba al mismo tiempo la más solitaria. En el tardocapitalismo, la colectividad es masa mientras la soledad aparece como espacio hiperestimulado por el consumo, las redes sociales y el contenido audiovisual. El resultado de este fenómeno ya lo canta Amaral en una de sus canciones "necesito a alguien que comprenda que estoy sola / en medio de un montón de gente"[83], al mismo tiempo que muchas otras artistas han expresado el asedio de la soledad a través de filmes, pinturas y obras musicales. En septiembre del año 2023 la noticia de que un hombre diagnosticado de cáncer solicitaba ingresar a una cárcel de Málaga para no sentirse solo[84] reafirma nuestras peores sospechas: la decadencia social del sistema es ya tan absurda que, incluso sus espacios de exclusión institucionalizada ofrecen, de forma irónica, una inclusión hoy inimaginable.

Si nos remontamos a los años 40 y 50 del siglo pasado, Hannah Arendt lleva a cabo un estudio crucial para entender la soledad masificada en los campos de concentración nazis como elemento clave del totalitarismo[85] mientras Pier Paolo Pasolini caracteriza la sociedad de consumo como un *nuevo fascismo* de tipo económico y cultural[86]. La masa que arrastra al individuo atomizado produciendo esos *movimientos milagrosamente coordinados*[87] son también aquellos que hacen al sujeto

renunciar a toda potencia propia y chapotear en los lodos del victimismo. Encontrar un agujero lo suficientemente confortable como para poder reptar dentro y rendirse por entregas hasta lograr ser uno más. Y cuando por fin se logra, y cuando por fin se es normal, descubrir que no hay ningún goce en ello y que además se está solo[88]

83 "El universo sobre mí" (2005) de Amaral.

84 GONZÁLEZ, E. (2023, 6 de septiembre). Un enfermo de cáncer pide ingresar voluntariamente en la cárcel para "no estar solo". Antena 3. https://www.antena3.com/noticias/sociedad/enfermo-cancer-pide-ingresar-voluntariamente-carcel-estar-solo_2023090664f86dbc-5df8e3000102fcd1.html

85 ARENDT, H. (2022). *Los orígenes del totalitarismo*. Madrid: Alianza Editorial.

86 Pier Paolo Pasolini en *Cartas luteranas* (Madrid: Trotta, 2010) y en *Escritos corsarios* (Madrid: Ediciones del Oriente y del Mediterráneo, 2009).

87 Expresión utilizada por Zygmunt Bauman en BAUMAN, Z. (2020). *Vida de consumo* Ciudad de México: Fondo de Cultura Económica. p. 18.

88 REICH, W. (2015) *¡Escucha hombrecillo!* Madrid: La linterna sorda. p. 13.

Teniendo en cuenta la relación directa entre globalización y soledad parece inevitable plantear si la tecnología favorece, impide o transforma la comunicación. En un ambiente de aislamiento comunicativo no podemos perder de vista de qué manera y bajo que principios influyen en él las TIC.

En la miniserie noruega *The architect* del año 2023 presenciamos una distopía ciertamente realista en la que su protagonista no es capaz de acceder al mercado del alquiler por la subida disparada de los precios de la vivienda, de manera que termina conviviendo en una curiosa comunidad de vecinos que habita en plazas de garaje vacías. Quizás uno de los mensajes clave que nos llegan a través de este audiovisual, más allá de la embestida neoliberal contra el derecho a la vivienda, a una ocupación y a la vida misma, es la naturalización de los espacios individualizados. De la vida entendida desde pequeños cubículos herméticos. De una definición de comunidad que, al basarse en la desconfianza, la vuelve asocial y, finalmente, anti comunitaria.

El sujeto neoliberal no solo se ve expuesto a la desposesión de la tierra, del hogar y de sus medios de subsistencia, sino que es arrancado de la comunidad, de los vínculos de solidaridad. Es un sujeto subyugado a lo que Almudena Hernando denomina como *fantasía de la individualidad*[89]; al principio que entiende los vínculos afectivos como obstáculos y cargas en el camino hacia el éxito individual. Asistimos, por primera vez y de forma más feroz, a un violento extractivismo de los lazos comunitarios. Y a lo que todavía es más desesperanzador: a la aceptación tácita de su misma extracción. El deseo de una *sociedad airfryer*: rápida, individual, moderna y eficiente.

Por otro lado, un segundo elemento esencial supone la generalización de la incerteza ontológica. Tras las guerras mundiales y el *extrañamiento* o *desnarrativización* general del mundo, las neovanguardias artísticas occidentales de los años 60-70 manifestaron un malestar ontológico que se había extendido gradualmente por Europa. El dadaísmo, los contraproyectos poético-políticos, el surrealismo y la no-expresión trataron de socavar la gramática de una modernidad herida de muerte

---

89 HERNANDO, A. (2018). *La fantasía de la individualidad*. Madrid: Traficantes de Sueños.

cuyo rastro de sangre conducía hacia abismos nunca antes experimentados.

Ante la crisis del ser humano como sujeto masculino, blanco y colonial y la crisis de sentido de la segunda mitad del siglo XX, aparecen un gran número de movimientos sociales basados en la defensa de identidades históricamente borradas de la mano de un neoliberalismo voraz. El consumo llega así para establecerse en el tardocapitalismo como nueva brújula social, sustituyendo a la religión y definiendo nuevas formas de existencia. Como respuesta a una *falta de ser*, "a la vida nuda, convertida en algo totalmente efímero, se reacciona justo con mecanismos como la hiperactividad, la histeria del trabajo y la producción"[90]. Consumo y productividad se entrelazan así para caracterizar una subjetividad hiperactiva, compulsiva, víctima del círculo imparable producción-consumo.

En tercer lugar, encontramos la construcción de identidades como proyectos. Esta cuestión ha sido ampliamente estudiada por Zygmunt Bauman y Byung Chul Han mostrando cómo la identidad en el *homo economicus* es equivalente a la marca en una empresa. Si nos comportamos como productos en un mercado, ¿Por qué no íbamos a construir estrategias de marketing que resulten atractivas? ¿Por qué no íbamos a definirnos en base a ciertas etiquetas y elaborar un *branding* a medida? En este sentido y en relación con el tardocapitalismo tecnológico, la identidad como marca se ha visto acentuada por el propio funcionamiento de las redes sociales. No podríamos afirmar que las redes sociales han sido la causa o la consecuencia de este fenómeno, pero lo que sí es innegable es que han surgido y se han popularizado al mismo tiempo que lo hace el neoliberalismo más salvaje.

El *yo-espectáculo* aparece en cuarto lugar como elemento íntimamente relacionado con la identidad al constituir el medio principal a través del cual esta se expresa. *La sociedad del espectáculo* (2005) es una de las primeras obras en las que se apunta a la soberanía de la imagen sobre el texto, de los significantes sobre los significados, de las representaciones sobre la realidad. A partir de los años 70 esta tendencia visual en relación con el capitalismo

90   HAN, B-C. (2022). *La sociedad del cansancio*. Barcelona: Herder. p. 44.

no deja de ir en aumento hasta que la imagen emerge como nueva diosa del imaginario social –especialmente en los campos de la publicidad y la cultura–. Siguiendo esta lógica visual, las redes sociales funcionarían de nuevo como reproductoras de una misma tendencia neoliberal en la producción de subjetividades mediante un gran *show* del yo[91].

La obra de Marta Azparren *Cine Ciego* (2023) vuelve sobre esta problemática indagando, mediante la performance, acerca de la relación imagen-poder y como esta determina nuestras realidades a todos los niveles. Desde los campos del arte y la cultura, se hace evidente la vigencia de esta curiosidad –más o menos preocupada– sobre el poder de lo visual y como este se enzarza en los sonidos, discursos y contextos políticos que le dan forma.

Por último, uno de los ejes de la subjetividad neoliberal consiste en la enajenación de su propio deseo. Asistimos a una economización del goce y a una manipulación del deseo nunca antes tan invisible y, por lo tanto, nunca antes tan efectiva. El *homo economicus* se cree libre de decidir el qué, el cómo, el cuándo y el dónde de su consumo, no obstante, los estudios publicitarios, los *mass communication research*, o la teoría de la *agenda setting* hace décadas que argumentan que esta seguridad es ilusoria y que, en realidad, hemos sido desposeídos del deseo. Sin embargo, nuevas corrientes próximas al aceleracionismo comienzan a presentar el argumento contrario: libidoay capital se han fundido, ya no podemos hablar de un deseo precapitalista[92]. Por lo tanto, se trata de una cuestión sumamente delicada y compleja a la que deberemos atender con precaución si no queremos caer, ni en el conservadurismo más reaccionario –de tintes esencialistas–, ni en abandonarse a una corriente de deseo ausente de reflexión crítica. El deseo y el placer aparecen así como ejes axiales del desarrollo histórico y, en consecuencia, como *sentires* que hemos de poner urgentemente en el centro de nuestros análisis políticos.

Como observamos, lo que hace que estas cinco características sean propias del tardocapitalismo y no de la etapa económica propia del siglo pasado es, en fin, su relación con la tecnología.

---

91   SIBILIA, P. (2008). *La intimidad como espectáculo*. Madrid: Fondo de Cultura Económica de España.

92   FISHER, M. (2024). *Deseo postcapitalista*. Buenos Aires: Caja Negra.

El tardocapitalismo se presenta como la confluencia entre neoliberalismo subjetivado y tecnología, haciendo que ninguno de ellos pueda entenderse sin el otro. Tecnología y aislamiento, tecnología e incerteza ontológica, tecnología e identidad, tecnología e imagen, tecnología y deseo. Es la tecnología la que vertebra todos ellos acentuando y reproduciendo cada una de las dimensiones de la subjetividad neoliberal. Será por lo tanto crucial estudiar la relación tecnología-capital de las propuestas posthumanas, aceleracionistas o cíborg.

Es importante que, una vez hemos presentado algunas de las dimensiones más importantes de la subjetividad tardocapitalista, expongamos los principales riesgos a los que esta se enfrenta. Teniendo en cuenta el escenario tardocapitalista significado por la información, la vigilancia, el riesgo, el subempleo y el consumo aislado, junto con las dimensiones clave de su subjetividad como lo son la masa aislada, la incerteza ontológica, las identidades como proyectos, el *yo-espectáculo* y el deseo enajenado, podemos estudiar y predecir cuáles son sus consecuencias más letales a nivel subjetivo. Siguiendo este análisis contextual, podemos hablar de tres riesgos notables, los cuales trataremos de manera más concreta en apartados posteriores.

Sin pretender ordenarlos siguiendo ningún criterio de importancia o gravedad, el primero de ellos es el riesgo de que surjan neofascismos. Más que un presagio, los nuevos fascismos forman parte de nuestra realidad inmediata a todos los niveles. Solo hay que echar un vistazo a la composición parlamentaria en Europa o a la proliferación de líderes neofascistas en diferentes partes del globo para constatar que la política institucional global está deviniendo reaccionaria y que –como causa y consecuencia de esta– las calles se han plagado de rechazo, miedo y odio. En relación con la colonización neoliberal de las subjetividades, Méndez Rubio ha estudiado durante el último periodo una evolución que va desde el fascismo clásico hacia un *fascismo de baja intensidad*. Este fascismo de baja intensidad vendría caracterizado por aquellos elementos descritos anteriormente definidores del sujeto tardocapitalista[93]. Es por lo tanto realmente

---

93   MÉNDEZ, A. (2020). *Fascismo de Baja Intensidad*. Santander: La Vorágine.

poco sorprendente la deriva neofascista de unas subjetividades profundamente acorazadas como respuesta al miedo desprendido de la incerteza y la precariedad.

En segundo lugar, debemos hablar del riesgo de caer en políticas de la identidad poco dialógicas. Quizás ha sido Žižek uno de los autores que más ha reflexionado sobre estas cuestiones en obras como *Arriesgar lo imposible* (2006) o *En defensa de la intolerancia* (2010), sin embargo, son también una gran multitud de voces las que han puesto a debate las políticas identitarias planteando su tendencia a crear parcelas cerradas y excluyentes. Además de este *acorazamiento identitario*, se ha puesto sobre la mesa repetidamente la íntima relación capital-identidad de forma que estas reivindicaciones terminan *redistribuyendo el mobiliario mientras la casa arde*[94].

En tercer y último lugar una de las tendencias más visibles y desgarradoras de esta embestida sobre la subjetividad es la *violencia neuronal*. Este tipo de violencia ha sido denominada así por Byung Chul Han en *La sociedad del cansancio* (2010) para remitir a los imperativos de productividad propios de la sociedad del rendimiento. Mediante un *exceso de positividad*, lo idéntico se multiplica y el yo se desdobla para someterse a sí mismo bajo el yugo de la autoexplotación. El resultado de tal violencia neuronal se manifiesta en la propagación de "trastornos" vinculados a la hiperactividad, el desgaste ocupacional, la depresión o las múltiples personalidades[95]. En este sentido, la terapia psicológica hegemónica opera siguiendo los principios del capital con el objetivo de continuar rentabilizando las mentes y almas agotadas, fracturadas y aisladas.

Esta violencia neuronal se mueve también a través de la manipulación del tiempo. Cuando coacción y libertad coinciden, consigue borrarse la línea entre ocio y trabajo y, en consecuencia, el tiempo se traduce como tiempo del capital. En suma, neofascismos, identidades excluyentes y violencia neuronal suponen diferentes

94 Ver en ŽIŽEK, S. (2006). *Arriesgar lo imposible. Conversaciones con Glyn Daly* . Madrid : Trotta, en ŽIŽEK, S. (2010). *En defensa de la intolerancia.* Barcelona: Diario Público y en BAUMAN, Z. (2005). *Identidad.* Madrid: Losada, Klein, N. (2007). *No logo: el poder de las marcas.* Barcelona: Paidós Ibérica.

95 HAN, B-C. (2022). *La sociedad del cansancio.* Barcelona: Herder.

riesgos, pero, pese a ello, su análisis debe, de nuevo, realizarse de manera conjunta. Los pequeños hilos del miedo emergen entretejiendo sus espacios constantemente, convirtiendo al sujeto en un funambulista siempre a punto de perder el equilibrio.

CRISIS EPISTÉMICA ILUSTRADA

Cuando hablamos de epistemología(s), hablamos de teoría del conocimiento, de las diversas formas existentes (y todavía no existentes) de acercarnos y de conocer el mundo. Cada una de las diferentes epistemologías que podemos encontrar en las ciencias sociales obedecen a leyes y principios similares mientras otras difieren radicalmente. Veremos a continuación, de forma sucinta, cómo ha ido evolucionando la teoría del conocimiento y los retos que supone para el capitalismo tardío.

RELACIÓN ENTRE OBJETO Y SUJETO

Figura 2. Teoría General del Conocimiento.

Desde los orígenes de la filosofía occidental, la configuración del esquema epistemológico ha sido muy concreta. Platón, Aristóteles, Kant y Descartes, grandes influencias de esta filosofía, establecen una distinción clara entre sujeto cognitivo y objeto cognoscente **(Figura 2)**. Entre el sujeto y el objeto existe una distancia que los separa y convierte en seres ontológicamente diferenciados. La epistemología o conocimiento, por lo tanto, lo encontraríamos precisamente en ese espacio intermedio, en la distancia sujeto-objeto y objeto-sujeto. Las diferentes metodologías que definan las condiciones de posibilidad del conocimiento conformarán cada uno de los diferentes estilos epistemológicos de los campos científicos específicos.

Frente a este esquema modelador de las disciplinas científicas actuales, muchas críticas y planteamientos se han puesto sobre la mesa, desde los años 60 hasta el día de hoy, abriendo interrogantes y brechas sísmicas profundamente turbulentas. En el caso de las ciencias sociales –que es la temática que nos ocupa, en parte– estas brechas suponen –y supondrán–, en algunos casos, la completa inversión de los marcos de pensamiento.

En primer lugar, deberemos hablar de las críticas que la Escuela de Frankfurt, especialmente de Habermas y de Adorno & Horkheimer, dirige a la ciencia racionalista ilustrada y a su pretendida objetividad. En *Conocimiento e interés* (1968) o en *Dialéctica de la Ilustración* (1944) estos autores realizan una historiografía del movimiento ilustrado estudiando el misticismo de la propia ciencia y descubriendo los valores que tras ella se esconden. El interés forma parte del conocimiento. Negar esta realidad convierte al conocimiento científico en dogma de una racionalidad enormemente irracional. En relación con esta deconstrucción de la objetividad, Foucault también es uno de sus críticos más clásicos cuando realiza su análisis del poder-saber como par conceptual indisociable[96].

Aun cuando la hermenéutica y la teoría crítica se han ocupado de cuestionar los principios positivistas cerrados y sus efectos totalitarios sobre la teoría del conocimiento, todavía en el tardocapitalismo es la ciencia en relación con la tecnología el conocimiento más legitimado a todos los niveles. De esta manera, la *violencia epistémica* –con origen en la Ilustración– empuja continuamente epistemologías tradicionales, orientales o subalternas a los márgenes del conocimiento legítimo,

---

96 Ver en FOUCAULT, M. (1998). *Vigilar y castigar*. Madrid: Siglo XXI Editores y en FOUCAULT, M. (2016). *Nacimiento de la biopolítica*. Madrid: Ediciones Akal.

asegurando su monopolio del saber y limitando nuestro potencial epistemológico.

En segundo lugar, es preciso entender cómo la crisis de la subjetividad moderno-ilustrada se relaciona con una crisis directa del sujeto de conocimiento. ¿Qué es el sujeto de conocimiento sino las gafas a través de las cuales vemos el mundo? En el momento en el que el sujeto se reconoce como ente influyente en el proceso epistemológico y, por consiguiente, se entiende como *sujeto sujetado*, el principio de objetividad se esfuma. Aceptar ser un *sujeto sujetado* supone un ejercicio de humildad. El resultado de este ejercicio es lo que podríamos denominar, al estilo nietzscheano, la *Muerte del Hombre*. El Hombre con mayúsculas. El Hombre de Vitruvio, la medida de todas las cosas –el Hombre blanco, masculino y propietario– deja de ser *Hombre* para pasar a ser simplemente *hombre*. No es tan solo que la teoría clásica del conocimiento haya dejado de ser una verdad, es que ya hemos definido nuestro horizonte epistemológico como independiente de una realidad esencial indiscutible. A propósito de la crisis de la subjetividad, esta pérdida de certeza ontológica supone un duro golpe para el *científico ilustrado*, quién luchará con uñas y dientes con tal de conservar su pequeño espacio seguro de ontología: blanco, masculino y *verdadero*.

Tanto el *testigo modesto* como los *conocimientos situados* de Donna Haraway, el feminismo especulativo o las metodologías interpretativas, presentan en este sentido propuestas epistemológicas innovadoras –denominadas acertadamente por Carmen Romero como *apócrifas*– que ya han descartado el modelo de objetividad científica instalado en las disciplinas de investigación y que proponen, ya no la negación total de la objetividad, sino la necesaria construcción de una ciencia que se reconozca *objetiva* y válida desde el autorreconocimiento y la asunción de sus marcos de partida[97].

En tercer lugar, una de las grandes heridas de la epistemología ilustrada es el cuestionamiento de su racionalismo dialéctico. Las dicotomías, el binarismo y las relaciones dialécticas forman

---

97   HARAWAY, D. (2022). *Testigo modesto. Segundo Milenio. Hombrehembra. Conoce Oncorata*. Buenos Aires: Rara Avis.

parte de su imaginario, determinando las posibilidades del saber. Sin embargo, desde algunas filosofías como la filosofía monista de Spinoza, se afirma que la materia es ontológicamente libre y autoorganizada. Que existe en relación infinita con múltiples otros y que, por lo tanto, no se ve limitada a una relación unidireccional, sino que, de forma libre y caótica exige pluralidad. Desde los estudios postcoloniales, Enrique Dussel nos habla de la *analéctica* como perspectiva externa, ajena a la dialéctica debido a su exclusión histórica[98]. Por último, a nivel más material, la física cuántica a través del principio de indeterminación de Heisenberg también está planteando el fin de la distinción entre lo físico / no-físico[99]. En el tardocapitalismo la unidad dialéctica está contra las cuerdas y no le queda otra que reconocerse insuficiente como esquema de análisis.

La caída del racionalismo es el cuarto de los elementos de esta crisis epistemológica. Como hemos visto, desde la filosofía clásica hasta la Ilustración, la razón se ha superpuesto a la emoción. Tal y como hemos tratado en el apartado sobre ecofeminismo, razón y emoción forman parte de la larga serie de dualismos históricamente jerarquizados. Ante este menosprecio de las emociones, en los últimos años han surgido autores y, especialmente autoras (por una cuestión de socialización de género), que han exigido el urgente y necesario reconocimiento de la emoción como instrumento epistemológico.

Ya Parsons hablaba en *The Structure of Social Action* (1937) acerca de la influencia de los valores y de la dimensión subjetiva en su teoría voluntarista de la acción social. Es decir, no siempre se ha entendido el comportamiento humano desde los principios utilitaristas o las teorías de la acción racional. Sin embargo, son realmente recientes las propuestas en materia de emociones en relación con el saber. El *giro afectivo* de Sara Ahmed es quizás una de las grandes referencias en lo relativo al equilibrio entre razón y emoción en la ciencia, la filosofía y la política. En *La política cultural de las emociones* (2004), Ahmed plantea el necesario giro que debemos dar desde la epistemología hacia esa segunda

98 DUSSEL, E. (2013). *Filosofía de la liberación*. Buenos Aires: Docencia.

99 HARAWAY, D. (2020). *Manifiesto Cíborg*. Madrid: Kaótica Libros.

dimensión tan silenciada para poder comprender de manera más holística nuestra realidad social[100]. Otros autores y autoras como Theodor D. Kemper, Arlie Hochschild o Thomas J. Scheff también han teorizado en las últimas décadas acerca del importante papel de las emociones y defendido consecuentemente su reivindicación[101].

Podríamos decir, en fin, que la epistemología moderna-ilustrada ha recibido duros golpes en el último medio siglo, de manera que, la epistemología tardocapitalista debe superarla haciendo frente a todas estas brechas. El positivismo (ir)racional del científico desencarnado forma parte de un pasado que las reivindicaciones culturales y materiales posmodernas ya han dejado atrás. Es momento de estudiar las posibilidades que se abren y de plantear, al igual que con la subjetividad neoliberal, los riesgos a los que se enfrenta una epistemología en crisis.

Por un lado, como se ha comentado unos párrafos atrás, existe una alta probabilidad de que el positivismo ilustrado escoja morir matando. Con esto me refiero a que una de las reacciones más comunes a un ataque exterior es el contraataque a través de un acorazamiento. El rechazo a *dejar de ser* supera la curiosidad por *comenzar a ser* otra cosa, de forma que el miedo lo vuelve más fuerte, más violento. Este tipo de reacción podría implicar un aumento de la violencia epistémica y de los epistemicidios, tratando de compensar materialmente aquello que simbólicamente ha sido deslegitimado. Podríamos hablar incluso de un fascismo epistémico que de manera reactiva arremeta contra todo saber que teme.

Por otro lado, otra de las consecuencias negativas de esta crisis podría ser la parálisis epistemológica. Entender la teoría del conocimiento como proceso contingente, histórico y relativo, también implica reconocer la pluralidad de lugares de enunciación y de dimensiones que influyen en el objeto. Este estadio de autoconsciencia y de percepción del devenir rizomático de

---

100 AHMED, S. (2004). *The Cultural Politics of Emotion*. Edinburgh: Edinburgh University Press.

101 Ver en HOCHSCHILD, A. (2012). *The managed heart*. California: University of California Press, en KEMPER, T. (2011). *Status, Power and Ritual Interaction*. Oxford: Routledge y en SCHEFF, T. (1997). *Emotions, the social bond, and human reality*. Cambridge: Cambridge University Press.

la realidad inmediata puede llegar a resultar desolador. Será entonces crucial prevenir cómo gestionar la desorientación y el vacío que deja la caída de grandes paradigmas. Deberemos, en fin, evitar dejarnos llevar por el nihilismo o el más puro relativismo que nos aboque a una inteligibilidad imposible. Neoautoritarismo ilustrado y parálisis epistemológica pueden llegar a funcionar como dos caras de una misma moneda si no nos desprendemos del miedo a enfrentar lo desconocido. Sujeto y objeto se han fundido. El esquema clásico ha quedado desfasado **(Figura 2)**. Será, pues, tarea de la epistemología posthumana reconstruir sus escombros en nuevos sentidos, formas y colores.

CRISIS ECOSISTÉMICA

El tardocapitalismo ya ha demostrado efectos devastadores que operan en contra de su propio mantenimiento. No se sabe cuánto tiempo vivirá, pero es innegable que la entropía es inherente a él. Esta advertencia es también aplicable al capitalismo en general y, si es tan obvia, es porque ha dado motivos para serlo. La brutal desigualdad, la explotación, la pobreza masiva, las migraciones forzosas, la violencia material y simbólica o la destrucción de lo no humano –por nombrar unas pocas– son algunas de sus manifestaciones más evidentes, llevándose el merecido reconocimiento a uno de los sistemas socioeconómicos más destructivos de la historia. Presentaré a continuación y de forma breve cinco de esos puntos destructivos del tardocapitalismo y su contribución a una crisis global ecosistémica. La financiarización creciente de la economía y la virtualización del dinero atraviesan invariablemente esta serie de puntos como procesos clave en línea con la tendencia *desterritorializadora* del propio sistema capitalista[102].

El primer punto trata sobre el desequilibrio de la balanza sector público-sector privado. En la actualidad las empresas y grandes marcas internacionales ostentan la soberanía global habiendo

---

102 DELEUZE, G & GUATTARI, F. (1985 [1972]). *El Anti Edipo. Capitalismo y esquizofrenia*. Barcelona: Paidós.

dejado a los gobiernos relegados a simples representantes ocasionales o actores con los que colaborar en ciertas situaciones. A grandes rasgos podríamos entender hoy en día los gobiernos frente a las empresas como los jefes de estado frente a los jefes de gobierno. Mientras uno mueve los hilos, el otro meramente representa.

Como un *golpe de estado a cámara lenta*[103], el espacio soberano de los gobiernos se ha ido reduciendo hasta ser prácticamente imperceptible. Política y capital se han convertido, desde los inicios del liberalismo, en amantes incondicionales. No podemos encontrar por lo tanto en el tardocapitalismo una política libre de mercantilismo en la esfera pública ni un capital sin intereses políticos en la esfera privada. Ahora capital y poder son indiferenciables, por lo que el dúo *poder-saber* foucaultiano podría ser redefinido como *capital-poder-saber*.

En muchas ocasiones la simpatía estado-empresa es palpable como en los casos de puertas giratorias o pactos entre estado y empresa transnacional para la explotación de territorios indígenas. En otras, el estado termina claudicando ante el chantaje de grandes corporaciones que, instrumentalizando la globalización del mercado, amenazan con deslocalizarse o utilizar mano de obra extranjera. Frente a estas estrategias, los gobiernos terminan cediendo en materia tributaria, poder o derechos laborales a consecuencia de lo que el economista turco Dani Rodrik denomina como *trilema de la globalización*: globalización económica, soberanía nacional y democracia resultarían, según esta paradoja, incompatibles, abocándonos a un trilema de difícil resolución[104].

Por ende, queda claro que son las empresas las que, en último término, toman las decisiones a nivel global. A continuación, en los siguientes puntos, veremos cómo este desequilibrio en la balanza de la soberanía repercute en muchas de las dimensiones conformadoras de la realidad tardocapitalista.

El segundo de estos pilares críticos es a lo que se ha referido Ulrich Beck como la globalización del *subempleo*. El subempleo es

---

103 John Ralston Saul en KLEIN, N. (2007). *No logo: el poder de las marcas*. Barcelona: Paidós Ibérica.

104 RODRIK, D. (2012). *La paradoja de la globalización*. Antoni Bosch editor. Cap. 9.

el resultado final de la evolución del mercado de trabajo liberal fordista. Desde el trabajo en cadena del taylorismo del siglo XVIII hasta el empleo subcontratado, precario y digitalizado de hoy se ha dado una evolución lenta pero segura, siempre hacia una misma dirección. Los años 50 de posguerra fueron quizás uno de los momentos más pacíficos entre estado, población y sector privado por haberse creado una serie de estructuras mínimas que contentaban a todas las partes como lo fueron la socialdemocracia y el estado de bienestar. Sin embargo, desde el giro neoliberal de los años 70, los embates a estas estructuras socio-organizativas han sido constantes, estableciéndose el postfordismo como agente estructurador del empleo.

El postfordismo, a diferencia del fordismo, viene caracterizado por una flexibilización del mercado de trabajo, el aumento de la temporalidad, la precariedad, y la expansión de la incertidumbre. En resumidas cuentas, se trata de una vuelta de tuerca más en la adaptación a las nuevas reivindicaciones sociales y políticas. De esta manera, el postfordismo es al neoliberalismo lo que el fordismo al liberalismo, orientando sus mecanismos en la misma dirección emocional ejercida sobre la subjetividad neoliberal.

En este caso, por desgracia para el neoliberalismo, el malestar ha llegado antes que el cambio subjetivo, de forma que encontramos millones de personas alrededor del mundo que se manifiestan debido a empleos fuertemente precarizados, temporales y alienantes. Cuando hablamos de postfordismo tardocapitalista no podemos obviar la división internacional del trabajo que se desprende del proceso de globalización. Mientras en Europa hablamos de precariedad, en el Sur global –incluyendo algunos países europeos más desfavorecidos– se habla de explotación y homicidio. Surge así lo que Haraway ha denominado *informática de la dominación*. El desarrollo tecnológico termina subordinando a amplios sectores de trabajadoras, convirtiéndolas en una infraclase global cargada de la más alta vulnerabilidad. En este caso, nos habla de una *feminización* del empleo global entendido el término como

ser enormemente vulnerable, apto a ser desmontado, vuelto a montar, explotado como fuerza de trabajo de reserva, estar considerado

> más como servidor que como trabajador, sujeto a horarios intra y extrasalariales que son una burla de la jornada laboral limitada, llevar una existencia que está siempre en los límites de lo obsceno, fuera de lugar y reducible al sexo[105]

El (sub)empleo en el tardocapitalismo podría entenderse, siguiendo a Beck, como uno de sus principales riesgos o consecuencias de su dinámica inmanente. La crisis del mercado laboral supone una brecha abierta dentro del sistema social, funcionando como motor y reflejo de su misma decadencia. Un detallado análisis de esta realidad se presenta urgente si queremos plantear y desear una sociedad de empleos dignos o directamente postlaboral.

En tercer lugar, y muy en relación con la soberanía corporativa y el subempleo, encontramos la *tecnopolítica*[106]. La tecnología, entendida como tecnología digitalizada propia del siglo XXI, ha entrado a formar parte de nuestra cotidianidad en cuestión de décadas. Tanto el trabajo –escribir, organizar un evento, ordenar un listado de citas, preparar una presentación, etc.– como el ocio –escuchar música, ver películas, quedar con amigas, jugar a videojuegos, etc– se han tecnologizado. Cada vez resulta más complicado encontrar un espacio-tiempo en el que la tecnología no forme parte, ya sea en su preparación o en su realización.

Esta observación sacada de contexto no tendría por qué implicar una connotación negativa, no obstante, sí la implica cuando estudiamos *cómo* funciona esta tecnología y, sobre todo, a favor de *quién*. Por desgracia o por fortuna, la tecnología no puede desprenderse de su contexto político de existencia real. Ensayos como *La era del capitalismo de la vigilancia* (Zuboff, 2020)[107] o *Tecnopolítica, cultura cívica y democracia* (2023)[108] dejan muy claro cuál es la postura de la tecnología en la sociedad tardocapitalista y el riesgo que esta supone para la democracia. Casos como el de Snowden, WikiLeaks o Cambridge Analytica no dejan siquiera

---

105 HARAWAY, D. (2020). *Manifiesto cíborg*. Madrid: Kaótica Libros. p. 69.

106 La *tecnopolítica* se refiere a la instrumentalización de la tecnología para fines políticos. También hace referencia a una forma de entender ambos conceptos como inseparables.

107 ZUBOFF, S. (2020). *La era del capitalismo de la vigilancia*. Barcelona: Paidós Ibérica.

108 SABARIEGO, J; SIERRA, F. (2023). *Tecnopolítica, cultura cívica y democracia*. Salamanca: Comunicación Social, Ediciones y Publicaciones.

espacio a la duda, constatando la más oscura trama de control político en relación con la vigilancia digital.

Así mismo, en una serie de documentales como *El gran hackeo* (2019) o *El dilema de las redes* (2020), se exponen los mecanismos ocultos de todo este entramado, reducido en última instancia a un mero negocio cuya principal mercancía es la atención y los datos. Todas las aplicaciones, redes sociales, videojuegos, páginas web... responden a un mismo imperativo: conseguir nuestra atención a toda costa. Este asedio sobre nuestra atención tiene como resultado la más cruda heteronomía sobre nuestros propios cuerpos y deseos, generando adicciones, *consumo amnésico* y pérdida de la individualidad en la *masa*[109].

No es difícil observar la íntima relación entre tecnología y capital en el funcionamiento de los algoritmos, la instrumentalización de los datos personales, el ataque publicitario "personalizado"[110] o el tipo de contenido ofrecido. Todos estos mecanismos, junto con el poder y el control de la biotecnología sobre los cuerpos, suponen un claro punto crítico del sistema, convirtiéndolo en uno de los más totalitarios y antidemocráticos de la historia. El reciente caso en España en el que se dictaminó la suspensión cautelar de la actividad de la empresa Worldcoin[111] supone un ejemplo claro de lo que se está desarrollando a nivel mundial. En este caso, presenciamos la extracción y acumulación de datos biométricos por parte de ciertas empresas como nuevo capital a disputar propio de esta última fase denominada como capitalismo informacional o de datos. Es así como la tecnología tardocapitalista supone en la actualidad la creación de "masas anónimas del proletariado digital

---

109 El término *masa* en este análisis hace referencia a un grupo de personas que se mueve de manera homogénea y conjunta pero que, sin embargo, no posee los rasgos de una comunidad. La masa se conforma de una multitud de individuos aislados, incomunicados. Una especie de *soledad acompañada* caracterizada por su incapacidad para autoorganizarse políticamente.

110 *Personalizado* es casi un eufemismo para hacer referencia a un control y manipulación del deseo que trasciende todo tipo de barreras legales y éticas.

111 Noticia sacada de https://www.aepd.es/prensa-y-comunicacion/notas-de-prensa/la-agencia-ordena-medida-cautelar-que-impide-a-worldcoin-seguir-tratando-datos-personales-en-espana

mal pagado, que nutre la economía global tecnológica guiada sin nunca poder acceder a ella"[112].

Por último, en relación directa y como resultado de la primacía del desarrollo tecnológico en poder de grandes empresas, encontramos la *crisis ecológica.* Esta crisis es quizás la más alarmante de todas ellas si tenemos en cuenta su alcance y la velocidad a la que avanza. Si analizamos nuestro pasado y advertimos el mercantilismo antropocéntrico que ha regido las sociedades occidentales, no resulta sorprendente el estadio crítico en el que nos encontramos.

La crisis ecológica está íntimamente relacionada con el paso del Holoceno al *Antropoceno*[113]. Este concepto hace referencia a la centralidad de la actividad humana y a su poder como agente geológico capaz de transformar la materia física del planeta. No obstante, el término *Antropoceno* es objeto de debate, prefiriendo algunas corrientes utilizar el término *Capitaloceno* que apunta directamente al sistema socioeconómico como responsable de esta crisis. Las consecuencias de esta son brutales, desde la pérdida masiva de biodiversidad hasta las amenazas globales derivadas del cambio climático y la contaminación ambiental. Creo que todas tenemos claras las amenazas e implicaciones del *siglo de la Gran Prueba*[114], pero, quizás, una serie de datos recientes ilustren mejor la gravedad del asunto.

Por comenzar con algunos de los datos más recientes, el Servicio de Cambio Climático de Copernicus informaba el día 27 de julio de 2023 que es "extremadamente probable" que este mes se convierta en el más caluroso desde que hay mediciones[115]. Al mismo tiempo, WWF señala en uno de sus informes que los incendios se han visto reducidos a la vez que ha aumentado su

112 BRAIDOTTI, R. (2015). *Lo posthumano.* Barcelona: Gedisa. p. 109.

113 Término acuñado por el biólogo estadounidense Eugene F. Stoermer y popularizado en los años 2000 por el premio Nobel de Química Paul Crutzen.

114 Expresión utilizada por Jorge Riechmann que da nombre a su libro *El Siglo de la Gran Prueba* (2013).

115 REJÓN, R. (2023, Julio 27). No es calor normal de verano: julio de 2023 se convierte en el mes más caluroso jamás medido en la Tierra. *elDiario.es.* https://www.eldiario.es/sociedad/no-calor-normal-verano-julio-2023-convierte-mes-caluroso-medido-tierra_1_10412274.html

alcance, habiéndose producido en España 14 grandes incendios forestales (GIF) a fecha de 18 de junio de 2023[116].

En el año 2015 y basándose en los informes del IPCC, el acuerdo internacional conocido como Acuerdo de París determinó mantener la temperatura global por debajo de los 1,5 ºC. Algunos datos históricos demuestran la más que posible irrealizabilidad de este acuerdo. Mientras la temperatura de la tierra aumentaba 4'8 ºC a lo largo de 9.800 años de historia, tan solo en los últimos 200 años –coincidentes con la revolución industrial y su posterior desarrollo– lo ha hecho un 1'2 ºC. Sin duda alguna, sostener este aumento desmedido de la temperatura se revela completamente incompatible con el acuerdo tal y como indica la científica Marie-Noëlle Woillez cuando afirma que "al ritmo actual de calentamiento, se podría sobrepasar el umbral de 1.5 °C antes de 2050, tal vez a partir de la década de 2030"[117].

En cuanto a los límites planetarios **(Figuras 3 y 4)**, el Centro de Resiliencia de Estocolmo presentó, en 2009, 2021 y, de forma reciente, en septiembre de 2023, los resultados de unos estudios que indican el número de límites sobrepasados y el avance del resto de ellos[118]. Mediante un gráfico y utilizando diferentes colores, se representan las zonas seguras (verde), las zonas de riesgo creciente (naranja) y las zonas de riesgo alto (rojo). Los nueve límites estudiados referentes al cambio climático, la acidificación del océano, los usos del suelo y del agua o la integridad de la biosfera, han sido escogidos como aquellos procesos y sistemas que mantienen la estabilidad y resiliencia de nuestro planeta. Por lo tanto, sobrepasar estos límites supone adentrarnos en umbrales críticos que multiplican potencialmente los riesgos para las personas y los ecosistemas.

Si observamos comparativamente el gráfico de 2021 **(Figura 3)** y el de 2023 **(Figura 4)** se evidencia de forma clara la velocidad a la

116 WWF ADENA (2023). *Incendios extremos e inapagables.* https://wwfes.awsassets.panda.org/downloads/wwf_incendios_extremos_e_inapagables_informe_2023.pdf

117 AFD (2021, 9 de agosto). Informe Climático del IPCC: "A este ritmo, en 2030 se podría rebasar el umbral de 1.5 °c". *Agence Française de Développement.* https://www.afd.fr/es/actualites/en-2030-se-podria-rebasar-el-umbral-de-1grados5

118 RICHARDSON, K et. al. (2023, september 13) Earth beyond six of nine planetary boundaries. *Sci. Adv.* 9, eadh2458DOI: 10.1126/sciadv.adh2458

que la avanza la crisis ecosistémica y, en consecuencia, la urgencia de tomar medidas que traten de frenar el desastre ecológico. En cuestión de dos años hemos sobrepasado dos límites más de los cuatro ya superados y se ve aumentado el avance del resto de ellos. Sobrepasar seis límites de los nueve existentes debería, como mínimo, despertar la reflexión acerca de la gestión humana del medio, de las industrias extractivas y de nuestro sistema de producción.

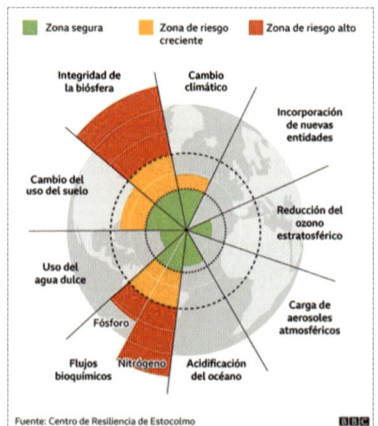

Figura 3. Los 9 límites planetarios 2021.

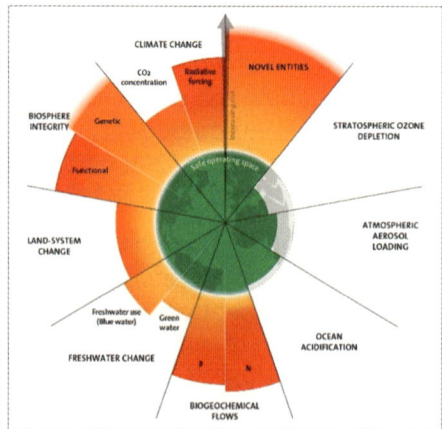

Figura 4. Los 9 límites planetarios 2023.

El aumento de las temperaturas junto a la crisis de minerales y recursos naturales como el agua van a complicar en gran medida las vidas de todos los seres que habitamos la tierra. La contaminación ambiental es tan brutal que ya se han hallado microplásticos en nuestra sangre y las probabilidades de contraer una enfermedad a consecuencia de los pesticidas o las dioxinas liberadas por la quema de plásticos es progresivamente más alta. La Unión Internacional para la Conservación de la Naturaleza (UICN) lamentaba en el año 2022 la extinción de un total de 581 especies animales desde el inicio del siglo XXI mientras a causa de la desertificación perdemos cada año 24.000 millones de toneladas de suelo fértil[119].

119 DICKINSON, D. (2019, 17 de junio). Unos 24000 millones de toneladas de suelo fértil se pierden cada año por la desertificación. *Noticias ONU*. https://news.un.org/es/story/2019/06/1457861

La mayor parte de estos datos, además, se estudian, analizan y divulgan desde una preocupación puramente antropocéntrica. No podemos ni siquiera imaginar la cantidad de estudios en profundidad que podrían ofrecernos el resto de especies no humanas en relación a sus exterminios masivos, migraciones, falta de alimento o degradación general de su calidad de vida.

Finalmente, podemos situar la crisis ecológica como una crisis ecosocial profundamente injusta. Los efectos sociales no pueden aislarse de los naturales ya que como seres humanos existimos en constante interdependencia con nuestro entorno natural, lo que significa que todo daño que hacemos a la naturaleza nos lo hacemos a nosotras mismas. El hambre, las migraciones climáticas, las inundaciones e incendios que destruyen viviendas y zonas de cultivo, los conflictos bélicos por recursos, las enfermedades derivadas de la contaminación o la degradación de la calidad de vida son consecuencias cuyo efecto sufre directamente el ser humano. Más concretamente el ser humano del Sur global y todavía más concretamente las mujeres del Sur global. La constatación de la profunda desigualdad mundial −también en términos ecológicos− ha servido de aliciente para los movimientos ecologistas y ecofeministas de cara a incluir la *justicia climática* como una de las principales reivindicaciones de su discurso.

Atendiendo a los diferentes pilares de la crisis ecosistémica podemos lanzar −como posible pronóstico− los riesgos que esta implica. Repasando estos puntos críticos, encontramos el desequilibrio referente a una sobrerrepresentación de los intereses privados frente a los públicos, la generalización del subempleo, la instrumentalización antidemocrática de la tecnología y la crisis ecosocial. Las siguientes amenazas son potencialmente realizables precisamente porque aúnan estos cuatro factores, requiriendo de su acción conjunta para efectuarse.

El primero de ellos es un riesgo tratado, en un primer momento, por ecologistas sociales como Murray Bookchin y del que recientemente se ha comenzado a debatir públicamente gracias a las aportaciones teóricas de autores como Ramón Fernández Durán o Carlos Taibo. Hablamos del ecofascismo, el cual es definido por Taibo como

Un proyecto en virtud del cual algunos de los estamentos dirigentes del globo –conscientes de los efectos del cambio climático, de las secuelas del agotamiento de las materias primas energéticas y de la manifestación, en la trastienda, de un sinfín de crisis paralelas– habrían puesto manos a la tarea de preservar para una minoría selecta recursos visiblemente escasos. Y a la de marginar, en la versión más suave, y exterminar, en la más dura, a lo que se entiende que serían poblaciones sobrantes en un planeta que habría roto visiblemente sus límites[120].

Siguiendo estos principios, el ecofascismo funcionaría como una respuesta violenta y privativa ante el miedo a un colapso global. Como es de esperar, se trataría de un fenómeno llevado a cabo por las grandes élites que estén en propiedad de aquellos recursos escasos y la tecnología necesaria para protegerlos, conservarlos o exportarlos al espacio exterior.

En segundo lugar, podríamos presenciar una deriva algoritarista del tardocapitalismo digitalizado. El *algoritarismo*, tal y como su composición morfológica indica, alude a un totalitarismo que se realiza y significa a través del algoritmo. Precisamente esta amenaza podría llegar a no ser tan lejana teniendo en cuenta el contexto de hipervigilancia y control anteriormente explicado. Sin embargo, debe mencionarse como un posible riesgo que, en cualquier caso, podría darse al mismo tiempo que cualquier otra deriva fascista en otros ámbitos como puede ser el político, el cultural o el ecológico. Un algoritarismo no se alejaría tanto de aquella película *Enemy of the State* (1998) en la que presenciamos un claro *panóptico digital*[121] al servicio de los más grandes intereses. A diferencia de esta película, nuestra realidad no tan ficcional nos impediría convertirnos de la noche a la mañana en superhéroes atléticos capaces de huir de toda persecución policial. Tal vez, en nuestra realidad, nuestro Robert Clayton se parecería más a un Edward Snowden o a un Julian Assange.

---

120 TAIBO, C. (2023). *Ecofascismo: una introducción*. Madrid: La Catarata. p. 1.

121 El panóptico digital en HAN, B.-C. (2021). *Psicopolítica*. Barcelona: Herder hace referencia a un sistema de vigilancia ejercido a través de la tecnología e incluso, más concretamente, a través de nosotras mismas en concordancia con el nuevo imperativo neoliberal de construcción identitaria y transparencia.

Es perfectamente visible que lo que tienen en común ambos riesgos es la acción conjunta de las élites privadas *todopoderosas* combinadas con la apropiación política de la tecnología en un escenario de crisis ecosocial. Teniendo en cuenta las tres crisis expuestas –crisis de la subjetividad, crisis de la epistemología ilustrada y crisis ecosistémica– el tardocapitalismo se enfrenta a amenazas profundamente violentas. Los neofascismos, las identidades excluyentes, la violencia neuronal, el neoautoritarismo ilustrado, la parálisis epistemológica, el ecofascismo y un sistema totalitario ejercido por medio de la tecnología. Algunos de estos riesgos forman parte de una realidad ya existente, otros están por llegar y otros quizás son simples proyecciones surgidas del miedo. Será tarea de la propuesta posthumanista analizarlos con el objetivo de eludirlos y, sobre todo, de evitar ser absorbidas por nuestra propia angustia.

LA CARTOGRAFÍA POSTHUMANISTA DE ROSI BRAIDOTTI

Braidotti comienza su obra *Lo posthumano* (2015) aseverando de manera provocadora que "No todos podemos sostener, con un alto grado de seguridad, que hemos sido siempre humanos, o que no hemos sido otra cosa aparte de eso"[122]. El primer interrogante que abren estas palabras conforma el núcleo del análisis crítico de la autora: ¿Qué supone ser un *ser humano*? La respuesta a esta pregunta podremos dilucidarla progresivamente mediante una presentación del surgimiento, instauración y universalización del *ser humano* y la *naturaleza humana* tal y como los conocemos.

Si hacemos un poco de memoria, uno de los puntos clave del feminismo postestructuralista consistía en apuntar sobre la imprescindible deconstrucción del mito de la universalidad. El Hombre como universal es desenmascarado como sujeto masculino, colonial, eurocéntrico, patriarcal e ilustrado. Siempre

---

122 BRAIDOTTI, R. (2015). *Lo posthumano*. Barcelona: Gedisa. p. 11.

construido desde la dialéctica identidad-alteridad, este *particular universalizado*, necesita del *otro excluido* para instituirse como *uno hegemónico*. De forma que nuestro querido Hombre *medida de todas las cosas* resulta ser la medida de un molde profundamente excluyente y violento.

La categoría de ser humano es entendida al mismo tiempo como indistinguible de aquel Hombre universal, poniendo al descubierto cómo lo humano conforma una categoría reactiva y reverberante en su obstinada reificación de un *otro sexualizado, racializado* y *naturalizado*. Será así en los años 60 y 70 como surge un activismo antihumanista en íntima relación con las nuevas contraculturas críticas con la modernidad propias del feminismo, el postcolonialismo, el pacifismo y el ecologismo. El antihumanismo no es entendido en estas páginas como un rechazo radical a todo lo históricamente humano, sino como el cuestionamiento de las premisas fundamentales de lo que entendemos como humano –de lo definido como *naturaleza humana*– y sus implicaciones pragmáticas. Como un análisis de esos puntos ciegos del discurso humanista convencional.

De ahí que encontremos tres pilares fundamentales en la estructuración de la corriente antihumanista nacidos de cada uno de estos movimientos político-sociales: antihumanismo feminista, postcolonial y ecologista. El primero de ellos enfoca su crítica hacia la universalización del hombre masculino como ser humano legítimo universal mientras el segundo señala el ser humano como inmanentemente europeo y colonial y el tercero estudia su relación antropocéntrica destructiva con el entorno. En materia de antihumanismo postcolonial, Frantz Fanon representa una de las referencias más reconocidas, tratando de construir *otro* humanismo, desde la cultura y moral no occidentales[123]. En cuanto a ecofeminismos del Sur como los de Vandana Shiva o Maristella Svampa, lanzan una crítica antihumanista que interrelaciona los tres pilares remarcando su íntima vinculación. Esta crítica se plantea en el sentido de entender la destrucción de la naturaleza como inextricablemente unida al proceder colonial

---

123 FANON, F. (2018). *Los condenados de la tierra*. Madrid: Fondo de Cultura Económica.

y el sometimiento de lo femenino[124]. El antihumanismo consiste, finalmente, en "desconectar el agente humano de su posición universalista, reclamándolo a rendir cuentas de, y a explicar, las acciones concretas que está emprendiendo"[125].

Sin embargo, Braidotti no duda en señalar los sesgos humanistas del propio antihumanismo rigiéndose por valores discursivos implícitamente humanistas y antropocéntricos[126]. En lo que concierne a esta cuestión, Jacques Derrida ha aludido –en sus estudios acerca de la deconstrucción– a la violencia simbólica ejercida a través de la asignación de los significados. Revelándose el antihumanismo víctima de sus propios códigos y esquemas de pensamiento, filosofías como las de algunas autoras que beben de la teoría crítica o la existencialista de Sartre o Beauvoir, han resultado estar impregnadas de unas premisas excluyentes camufladas. En esta línea, Reza Negarestani define el antihumanismo como un vacío de alternativas reales que trata, inútilmente, de recuperar una esencia humana precorrompida[127].

Será a propósito de estas incoherencias por lo que Braidotti realiza una propuesta que va más allá del antihumanismo, cortando por la mitad todas las bases y certezas ontológicas que han mantenido a flote nuestro sentido como seres humanos. Una propuesta que no trata de buscar una unidad perdida original, ni limitarse a reaccionar a los asaltos del humanismo, sino que se exhibe valiente para construir horizontes más allá del antropocentrismo y reconocerse en el abismo de la parcialidad.

Organizaré la presentación de esta propuesta a partir de cinco ejes que, de manera interconectada, la fundamentan y dotan de significación. En primer lugar, encontramos el postantropocentrismo como proyecto de superación de un sistema socioeconómico estructurado alrededor del *anthropos*[128].

---

124 MIES, M. & SHIVA, V. (2020). *Ecofeminismo*. Barcelona: Icaria y SVAMPA, M. (2015). Feminismos del Sur y ecofeminismo. *Nueva sociedad, 256*, pp. 127-131.

125 BRAIDOTTI, R. Op. cit. p. 35.

126 SOPER, K. en *Humanism and Anti-Humanism* (1986) en *Ibidem*, p. 42.

127 AVANESSIAN, A; REIS, M. (2017). La labor de lo inhumano. *Aceleracionismo*. Buenos Aires: Caja Negra. pp. 221-267.

128 *Anthropos*, de origen griego, significa "ser humano".

El reconocimiento de nosotras mismas como humanas (*bíos*) como una parte más del mundo, interrelacionada y conectada con el resto de existencias (*zoé*), supone llevar a cabo un *éxodo antropológico* que nos conecte de forma radical con el *otro*. Entender la materia como relacional y extendida se vuelve fundamental a la hora de construir un posthumanismo postantropocéntrico.

Vale la pena mencionar, sin embargo, que no todos los postantropocentrismos se rigen necesariamente por principios antihumanistas críticos con la subjetividad moderna. El postantropocentrismo de esta propuesta será, por lo tanto, inevitablemente antihumanista en el sentido de que debe partir de la base crítica de las contraculturas de los 60. Este giro deconstructivo del antropocentrismo supondrá, al mismo tiempo, un duro golpe para una gran parte del movimiento ecologista que, hoy en día, continúa defendiendo la naturaleza como ente ajeno esencialmente diferenciado del ser humano. Cuestionar las definiciones de "naturaleza" y "ser humano" realizando un recorrido crítico por sus bordes se vuelve fundamental si buscamos establecer un diálogo real con ese *otro naturalizado*.

En segundo lugar, y en complementación con el proyecto postantropocéntrico, el posthumanismo requiere de una apuesta por el *monismo neo-spinozista*. Como se había visto anteriormente, el monismo de Spinoza concibe la materia como *autopoiética*[129], libre, caótica y en constante relación con múltiples otros. Estas características convierten a la epistemología monista en *materialista vitalista*, siendo por lo tanto principal para ella la infinidad de colores del caleidoscopio que representa la materialidad de la existencia viva. El monismo implica, a su vez, el reconocimiento de la realidad como un gris siempre en transformación que es capaz de integrar en sí mismo dos polos aparentemente opuestos. Distinciones tan radicales como la vida y la muerte se perciben así unitarias e interconectadas a través de las lentes neo-spinozistas.

La subjetividad posthumana es el tercero de estos ejes y, posiblemente, uno de los más complejos. Como resultado del

---

129 La *autopoiesis* designa un sistema molecular que se autogestiona, mantiene y reproduce por sí mismo. Considerar la materia autopoiética implica aceptar el orden propio del universo y el carácter autónomo de la materia viva.

postantropocentrismo y la epistemología monista, la subjetividad que habite un sistema posthumanista deberá entenderse como nómada. La subjetividad nómada es polimorfa y relacional. Es no-unitaria y se construye a partir de la parcialidad no excluyente. Ser nómada para Braidotti significa, en sintonía con el cíborg de Haraway y el sujeto queer de Butler, "liberarnos del provincianismo de la mente y el sectarismo de las ideologías, la deshonestidad y el miedo"[130].

En cuarto lugar, el posthumanismo también cuenta con una propuesta ética. La ética posthumana deberá partir de bases compartidas positivas, una moralidad cooperativa y una dimensión creativa de lo político. Asimismo, esta ética es, por supuesto, postantropocéntrica, monista y nómada. La construcción de lo colectivo, de la comunidad abierta y de subjetividades post-identitarias conforman una ética que, en contraposición a la clásica-moderna, busca integrar los márgenes y la libertad propia de unos *sujetos no tan sujetados*.

Por último, en cuanto a la perspectiva de desarrollo del posthumanismo, Braidotti define su trayectoria como un *devenir*. El *devenir imperceptible* posthumanista designa una manera de enfrentar el futuro que se ajusta a una inmanencia radical que rechaza cualquier tipo de trascendencia. Hablamos de un avance o desarrollo de los acontecimientos que se mantiene permanentemente abierto a nuevas transformaciones, cambios de rumbo o identificaciones. En este sentido, el devenir posthumano consiste en un proyecto que se mueve continuamente en los espacios liminales del *ya no* y el *aún no*[131].

Un espacio abierto e incierto de estas características supone un desafío a la tendencia *territorializante* del *ser-hacer estado*, un accionar poético que reta, tanto al individuo, como –y, sobre todo– a sus identificaciones, normas e instituciones. Si vosotras lectoras os preguntáis acerca de la viabilidad de tal devenir, deciros que es el signo de interrogación (¿?) la puerta de cualquier transformación. Dilucidar cuánta incertidumbre puede aguantar un cuerpo

130 BRAIDOTTI, R. Op. cit. p. 23.

131 *Ibidem*, p. 165.

–en su sentido más spinozista– supone el desafío fundamental; amenazante a la vez que ilusionante.

Dentro de este devenir, Braidotti distingue –con la intención de clarificar conceptualmente– entre devenir animal, devenir tierra y devenir máquina. Tal y como indican, devenir animal abrazaría marcos de inteligibilidad transespecie mientras devenir tierra exigiría un fuerte proceso de *desterritorialización activa*[132] en relación con el resto del planeta y devenir máquina implicaría la aceptación del *otro tecnológico* a través de *cuerpos biomediados*[133].

Estos cinco ejes: postrantropocentrismo, monismo neo-spinozista, subjetividad nómada, ética posthumana y devenir imperceptible resumen, en líneas generales, la propuesta creativa posthumana de Rosi Braidotti. En definitiva, y antes de cerrar este apartado, debemos prestar atención –aunque sea de forma superficial– a otras propuestas y aportaciones teóricas concordantes con la mayor parte de estas ideas como lo son la propuesta *cíborg* de Donna Haraway, el proyecto *aceleracionista*, la *panhumanidad*, los conceptos de *biosociedad* y *biociudadanía* de Nicholas Rose o el *posthumanismo medioambientalista* de una gran parte del ecofeminismo.

2. DESAFÍOS SÍSMICOS DEL TARDOCAPITALISMO

---

132 Recurso epistemológico utilizado por Deleuze y Guattari en *Mil Mesetas* (1980) que alude a un entrecruzamiento e interrelación entre fronteras nunca del todo cerradas, sino entendidas a partir de su interconexión.

133 CLOUGH, P (2007). *Political Economy, Biomedia and Bodies*. En: BRAIDOTTI. R. Op. cit. p. 108.

3

RECORRIENDO LAS ENCRUCIJADAS

Pese a resultar verdaderamente completa la propuesta posthumanista de Braidotti, no debemos olvidar que esta no es la única que ha sido planteada en relación con la construcción activa de futuros utópicos. Los proyectos xenofeminista, aceleracionista, cíborg, queer o decrecentistas suponen paradigmas que entran en contacto con la futura realidad posthumana y sus potenciales desafíos. En este sentido, utilizo el posthumanismo de Braidotti como término que acoge todo proyecto o propuesta política que suponga un salto ontológico que, necesariamente, deje atrás la humanidad capitalista, patriarcal, colonial y ecocida.

Para esta aclaración conceptual deviene necesario también diferenciar de forma clara el posthumanismo del transhumanismo. A grandes rasgos, el transhumanismo es una doctrina ideológica que defiende la superación de *lo humano* por medio del desarrollo tecnológico y la filosofía del *dataísmo*[134]. A diferencia del posthumanismo, este proyecto entiende *lo humano* como la experiencia material terrenal y, en consecuencia, su *trascender lo humano* se vincula a una trascendencia del cuerpo en busca de un progreso tecnológico de la raza humana. Entendemos así que el concepto de *progreso* y sus implicaciones sociopolíticas no son cuestionadas en este ideario. Para más inri, la tan ansiada liberación corporal humana forma parte a su vez de estrategias escapistas y

---

134 El *dataísmo* ha sido definido como una filosofía e incluso como una religión que venera el dato y que, por consiguiente, no considera las experiencias humanas como intrínsecamente valiosas.

prometeicas reservadas a una élite de una determinada capacidad adquisitiva.

El transhumanismo es, por lo tanto, profundamente humano en su sentido ético-político. Continúa siendo ilustrado, colonial, patriarcal, clasista, especista y por supuesto neoliberal. En definitiva, el transhumanismo no es antihumanista ni postcapitalista, lo que lo convierte en una propuesta completamente divergente de la posthumanista de este análisis. Yuval Noah Harari, uno de los más conocidos referentes transhumanistas, es el autor del famoso bestseller *Sapiens: de animales a dioses* (2011) que ha despertado, en la misma medida, pasiones y malestares, convirtiéndolo en objeto de admiración, crítica y desagrado[135].

Podemos concluir, en fin, que transhumanismo y posthumanismo, pese a compartir la valentía y la apuesta por un devenir más allá de lo conocido, son proyectos tan diferentes que ni siquiera pueden compararse como proyectos futuristas. Las bases difieren en tal medida que los convierten directamente en incompatibles. Esta revisión teórica no estudia así la propuesta transhumanista —o cual también resultaría de un gran interés— sino que se limita a analizar las diferentes aristas de los proyectos ético-políticos posthumanistas.

El objetivo de este capítulo es el de presentar algunas encrucijadas que emergen del diálogo entre propuestas alineadas con el posthumanismo. Mediante una tabla trataré de presentar algunas ideas o principios que, aparentemente, entran en contradicción, corriendo el riesgo de conducir el proyecto posthumanista hacia la parálisis o bien hacia un punto muerto. A través de las dimensiones ontológica, epistémica y técnica, la reflexión teórica pretende construir un paisaje ético-político que consiga hacer frente a los desafíos sísmicos tardocapitalistas del capítulo 1. Tras la presentación de las diferentes disyuntivas, el tercer capítulo tratará de deconstruir su misma dialéctica, unificando sus fuerzas a fin de dibujar una salida común.

En relación con los derechos humanos, este análisis pretende presentar una base ético-política sobre la que construir los

---

135 MORO, K. (2023). *El manifiesto transhumanista Yuval Noah Harari: sus falacias totalitarias para la extinción humana.* Texto inédito en proceso de publicación este año.

derechos (post)humanos. Tal y como se explica en el apartado sobre metodología, esta investigación teórica no utiliza de manera específica los derechos humanos como instrumento epistemológico, ya que considera estos como producto de paradigmas sociohistóricos profundamente humanos (en el sentido estudiado a lo largo de este análisis). Esto no quiere decir que los derechos humanos carezcan de sentido o que no poseen un potencial revolucionario emancipador. Lo que me gustaría dejar claro es que, concretamente para este objeto de estudio y para mi pregunta de investigación, necesito apuntar a anclajes filosóficos profundos que escapan, del régimen simbólico algunos de ellos, y del régimen simbólico propio del derecho la gran mayoría.

A continuación, presentaré, en primer lugar, la tabla que organiza los contenidos **(Figura 5)** y, en segundo lugar, una pirámide de base triangular que pretende –al estilo del *diamante ético* de Herrera Flores[136]– conceptualizar las diferentes dimensiones como partes interconectadas de una misma unidad de sentido **(Figuras 6 y 7)**. La forma específica de clasificar los apartados y las dimensiones es puramente ideal, es decir, que pese a presentarse de forma opuesta e incluso antagónica, todas ellas existen materialmente interrelacionadas. La intención de esta clasificación no es otra que la de ayudar a esquematizar las ideas y de agruparlas a la manera de los *tipos ideales*[137] weberianos. Asimismo, debido a su carácter esencialmente expositivo, no conozco la tabla en profundidad y en todas sus dimensiones, por lo que no me detendré en la misma medida en todos los puntos, sino que en algunos me limitaré a plantear aquello que puede resultar incoherente. En el caso de la pirámide, deberemos imaginarla en constante movimiento impulsado por las fuerzas sociales que le dan sentido.

---

136 Recurso pedagógico utilizado por Herrera Flores para representar visualmente la interrelación entre los diferentes elementos y dimensiones que conforman la pragmática de los derechos humanos. Ver en HERRERA FLORES, J. (2008) *La reinvención de los derechos humanos*. Sevilla: Atrapasueños. p. 109.

137 Los *tipos ideales* son un instrumento epistemológico utilizado por Max Weber en la sociología para sintetizar conceptualmente ideas esenciales, reconociendo su carácter interrelacionado y múltiplemente influenciado en su dimensión práctica.

ENCRUCIJADAS ÉTICO-POLÍTICAS POSTHUMANAS		
ONTOLOGÍA	Identidad	Post-identidad
	Antropocentrismo	Postantropocentrismo
EPISTEMOLOGÍA	Lenguaje discursivo	Lenguaje poético
	Unidad (dialéctica)	Postunidad (monismo)
	Razón	Emoción
TÉCNICA	Aceleracionismo	Decrecimiento
	Tecnología	Naturaleza

Figura 5. Tabla encrucijadas posthumanistas.

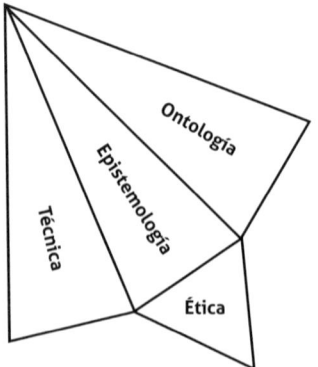

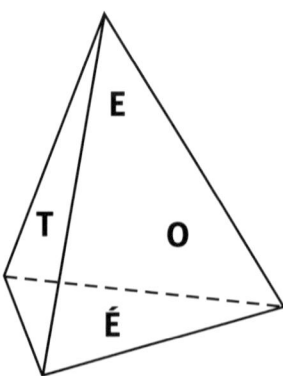

Figura 6. Pirámide de base triangular 2D.   Figura 7. Pirámide de base triangular 3D.

DILEMA ONTOLÓGICO

Identidades negadas: posthumanismo y des-identificación

En el terreno ontológico de la subjetividad posthumana, la cuestión identitaria constituye una de las principales encrucijadas. ¿Por qué podría constituir esta un dilema o conflicto de intereses? ¿Qué nos hace defender la identidad como recurso político? ¿Por qué una gran mayoría de las propuestas posthumanistas apuestan por subjetividades post-identitarias? ¿Supone la post-identidad el borrado histórico de colectivos oprimidos?

A la hora de imaginar futuros sostenibles en sentido ecológico y social, encontramos propuestas identitarias que son completamente antagónicas. Presentaré, en primer lugar, algunas de las aportaciones teóricas sobre la identidad, en segundo lugar, la deriva identitaria de las luchas políticas y, en tercer lugar, la post-identidad como estrategia propiamente posthumanista y, por lo tanto, el choque frontal que esto supone para movimientos y corrientes que comparten, de forma irónica, un mismo objetivo político.

Primeramente, deberemos aclarar a qué nos referimos en estas páginas como identidad. La identidad puede entenderse de formas tan diversas como identidades existen. No se trata, en este caso, de hablar de *identidades* en plural, sino sobre cómo una forma concreta de vivir y entender la identidad ha monopolizado el campo subjetivo. Esta deriva neoliberal de la identidad se manifiesta, junto a su concepción mercantil, como la construcción de un *sentido propio* en contraposición a los *sentidos ajenos*. No vamos a tratar el qué de las identidades, sino el cómo. La crítica se dirige específicamente a las implicaciones excluyentes de las dinámicas propias de las *políticas de la identidad* contemporáneas y no a identidades concretas. En ningún momento se pretende poner en duda o menospreciar las diferentes luchas identitarias, sino plantear la posibilidad de que sea *otra cosa* aquello que vincule una comunidad y no una identidad construida en negativo.

En relación con esta identidad en negativo o *identidad negada*, Fisher hace referencia a la identidad de la clase trabajadora como una identidad autopercibida como inferior, víctima de su propio juego dialéctico. Este autosabotaje inconsciente podría ser responsable de la paralización política y, por lo tanto, la *destitución subjetiva* se muestra como posible salida de tal anquilosamiento identitario. Para hacer frente a una batalla que se lidia en terrenos más inconscientes y fantasmales propios de un régimen neoliberal, las políticas de la *des-identidad* nos ayudarían a escapar de algunas de nuestras determinaciones y condicionamientos involuntarios [138].

138 FISHER, M. (2019). Políticas de la des-identidad. En *Los fantasmas de mi vida: escritos sobre depresión, hauntología y futuros perdidos*. Buenos Aires: Caja Negra. pp. 265-272.

Algunas ideas del debate acerca de la identidad podemos encontrarlas también recogidas en la obra de Bauman *Identidad* (2005). En sus páginas, Bauman alude a la identidad como un campo de batalla continuo en el que sus defensoras/es disfrutan de "la *libertad* de elección y la *seguridad* que les ofrece pertenecer a alguna parte"[139]. Exponiendo cómo las categorías identitarias necesitan de la división y la segregación para cumplir su función de identificación y su intento categórico de delimitar la subjetividad, termina calificando la búsqueda de identidad como la abrumadora tarea de "cuadrar un círculo"[140].

Dentro de la misma línea, pensadores más cercanos a la teoría psicoanalítica como Slavoj Žižek o Wilhelm Reich, también han criticado duramente la identidad, más concretamente, la identidad propia de la modernidad. Partiendo de la base de que "el sujeto no puede encontrar su nombre en el orden simbólico, ni puede lograr una identidad ontológica plena"[141], Žižek argumenta cómo las reivindicaciones identitarias hegemónicas de carácter fantasmático derivan, en el mejor de los casos en una *ideología del victimismo*[142] y, en el peor, en una *política de la interpasividad* que relega a los sujetos a una rigurosa falta de agencia.

Por su parte, Reich expone, a mediados del siglo XX, la incesante huida del sujeto de su propia *potencia viva* refugiándose en los líderes / mesías, las ideologías, la religión, las banderas o la democracia representativa. Los estudios de este autor se han movido en el campo de la psicología de masas y de la relación liberalismo-fascismo del siglo pasado. Pese a tratar en estas páginas la identidad en el neoliberalismo, estas tendencias herméticas de la identidad liberal conforman su precedente. En la actualidad, este hermetismo identitario se ha podido ver acentuado por los mecanismos de la red y de la autorrepresentación virtual[143], no obstante, vale la pena añadir, además, las observaciones de

---

139 BAUMAN, Z. (2005). *Identidad*. Madrid: Losada. p. 166.

140 *Ibidem*, p. 30.

141 ŽIŽEK, S. (2006). *Arriesgar lo imposible. Conversaciones con Glyn Daly*. Madrid : Trotta. p. 12.

142 Expresión utilizada por Žižek en *Ibidem* en íntima relación con la narrativa terapéutica de la que nos habla Eva Illouz en ILLOUZ, E. (2012). *Intimidades congeladas: las emociones en el capitalismo*. Buenos Aires: Katz Editores. p. 116.

143 Ver p. 33.

Reich sobre esta temática. Como fruto de la deriva fascista, Reich reclama al individuo de la época que deje de ser un *subhombre,* que desista de aferrarse a sus "estupideces, tales como su "raza", "clase", "nación", la compulsión religiosa y a la represión del amor tal y como los piojos se aferran al pelaje"[144]. Tenemos un miedo mortal a la profundidad y por ello tememos caer y perder nuestra "individualidad" cuando deberíamos dejarnos ir[145].

Modernidad e identidad entran, como hemos visto, en íntima relación con el fenómeno fascista del periodo de entreguerras. El nacionalsocialismo como base profundamente identitaria del nazismo sumado a su carácter de masa, manifiesta lúcidamente la identidad como un campo repleto de peligros y trampas mortales. En *Fascismo de Baja Intensidad* (2020), Méndez Rubio expone los mecanismos extractivos sistémicos sobre la subjetividad y cómo la inoculación global del miedo construye individuos acorazados, incomunicados y sustancialmente fascistas. La identidad funciona aquí de nuevo como coraza que, al mismo tiempo que protege, también expulsa y aísla[146].

En oposición a toda esta reflexión teórica, desde las luchas por la descolonización de la segunda mitad del siglo XX y los movimientos identitarios de los años 70 y 80, reivindicar la identidad propia ha pasado a ser el centro de casi cualquier lucha política. A este proceso de identificación política se le conoce hoy día por los términos *políticas de la identidad*, *marxismo cultural*, *postpolítica* o de forma mordaz *capitalismo woke*. De esta manera, las luchas feministas, antirracistas y del colectivo LGTBIQ+ han centrado sus demandas y su movilización políticas en torno a la defensa de identidades históricamente silenciadas.

Tal y como debaten Nancy Fraser y Judith Butler en un artículo publicado por *New Left Review*[147], ni la identidad es puramente cultural ni la clase social es puramente material. El esquema dialéctico marxista *infraestructura-superestructura* hace tiempo

144 REICH, W. (2015) *¡Escucha hombrecillo!* Madrid: La linterna sorda. p. 99.

145 *Ibidem*, p. 111.

146 MÉNDEZ, A. (2020). *Fascismo de Baja Intensidad.* Santander: La Vorágine.

147 FRASER, N. (2000). ¿De la redistribución al reconocimiento? Dilemas de la justicia en la era «postsocialista». *New Left Review*, pp. 126-155.

que ha quedado desfasado como instrumento de análisis, por lo que las reivindicaciones culturales no tienen por qué estar separadas ni ser menos determinantes que las reivindicaciones económicas. Siguiendo esta línea de pensamiento, el feminismo más extendido en Occidente es también un feminismo construido sobre la base de la categoría identitaria "mujer", el activismo gay se fundamenta sobre categorías "gay" o "queer" y las luchas antirracistas lo hacen sobre la categoría "negro/a" o "racializado/a".

Que el feminismo más popular en Occidente parta desde la identidad es algo que se vuelve muy visible con tan solo acudir a una manifestación el 8 de marzo, leer las pancartas, escuchar los cánticos o advertir la clara identidad de sus participantes. Silvia Federici es un caso de feminista que defiende la reivindicación de la categoría histórica "mujer" como producto de un proceso de lucha y, en consecuencia, como categoría necesaria para la unión y movilización políticas. Encontrar a través de la historia los territorios comunes que construyan colectividad es para esta autora un punto clave en la lucha por la igualdad en cualquier ámbito[148].

El ecofeminismo, por su parte, también se ha visto imbuido por esta lógica identitaria feminista, de manera que en muchas ocasiones es entendido como esencialista. Es por ello que se ha querido especificar en el marco teórico el carácter materialista y deconstructivista del ecofeminismo presente en estas páginas. Sin embargo, sí que es cierto que algunas corrientes ecofeministas –generalmente más del Sur y espiritualistas– caen en esencialismos que relacionan ontológicamente la mujer y la naturaleza como ligadas por una suerte de mística intrínseca. Estas corrientes se alinean en mayor medida con el feminismo hegemónico considerando primordial la simbología que envuelve la genitalidad femenina, la maternidad y el cuidado en analogía con la madre tierra.

Cabe mencionar que no todo el feminismo identitario es al mismo tiempo naturalista. Esto quiere decir que no toda la corriente defensora de la categoría de "mujer" defiende la mujer desde

---

148 FEDERICI, S. (2022). *Ir más allá de la piel: Repensar, rehacer y reivindicar el cuerpo en el capitalismo contemporáneo*. Madrid: Traficantes de Sueños.

su definición biológica. De hecho, ya desde Simone de Beauvoir –primera feminista materialista de la historia– y su reivindicación de una construcción social del género, el feminismo ligado a la genitalidad se ha vuelto parcialmente residual. No obstante, tras la constatación del carácter sociopolítico del género, en lugar de haber entrado en una etapa de *nihilismo de género*, el feminismo ha construido su sujeto político en torno a una identidad histórica no-biológica.

En contraposición a la estrategia identitaria en esta materia, encontramos las propuestas del feminismo postestructuralista y del posthumanismo referentes a la post-identidad. Tal y como se presentaba en la parte del marco teórico sobre la propuesta queer de Butler, la categoría de "mujer" para esta filósofa es un camino sin salida profundamente peligroso y resbaladizo. Butler y otras feministas como Irigaray o Firestone se preguntaron qué hace que una mujer sea mujer. Qué conforma lo *específicamente femenino*. La respuesta a estas preguntas, como hemos visto desde el feminismo existencialista, será que el único vínculo entre mujeres es el resultante de su opresión histórica[149].

La condena a la que se ve abocado el feminismo construido sobre la base de una identidad femenina tal es, simplemente, que su "sujeto feminista está discursivamente formado por la misma estructura política que, supuestamente permitirá su emancipación" y, por lo tanto, "los objetivos feministas podrían frustrarse si no tiene en cuenta los poderes constitutivos de los que afirman representar"[150]. En este sentido, el feminismo postestructuralista concibe fundamental llevar a cabo un proceso de *desidentificación* más allá de las categorías de género a fin de emanciparnos –todo tipo de identidad sexo-género– de la violencia de la ley paterna. El resultado de esta desidentificación pasa por la apuesta queer como un devenir fluido e imprevisible y no como la *etiqueta de las no-etiquetas*.

La preocupación por las cuestiones identitarias en materia de género se ha vuelto palpable con la emergencia de series y películas recientes muy populares como *Euphoria* (2019), *Girl* (2018),

---

149 BUTLER, J. (2017). *El género en disputa*. Barcelona: Paidós Ibérica. p. 47.
150 *Ibidem*, p. 44.

Sex Education (2019) o *Heartstopper* (2022). Sin embargo, no solo la industria mainstream se hace eco de estas inquietudes, sino que novelas de ficción, como la reciente *Identitti* (2023) de Mithu Sanyal, exploran los límites de la identidad reflexionando acerca de las características físicas, conductuales y psicológicas que la definen.

El estado-nación como modelo identitario: genocidio y violencia colonial

Hablar de fascismo, de modernidad y de identidad nos conduce inevitablemente a vincular esta serie de ideas con las lógicas homogeneizadoras del estado-nación. Como bien nos explica Benedict Anderson[151], la *nación* –de origen moderno– se erige como un concepto construido socialmente para legitimar y reforzar las estructuras de poder centralizadas de lo que se ha reconocido históricamente como estado[152]. La identidad de lógica estatal-nacional, sin embargo, no se presenta como un abanico de pluralidades identitarias libres, sino que, se fundamenta sobre la premisa y fin primordial de la unidad homogénea. Resultan de esta lógica un conjunto de *comunidades imaginadas* cuyas implicaciones reales son, no obstante, sumamente materiales, motivando toda serie de conflictos bélicos, discriminaciones, incursiones civilizatorias y genocidios.

Podríamos exponer las apabullantes cifras de poblaciones, comunidades y territorios expoliados, expulsados y masacrados a lo largo y ancho del planeta como consecuencia directa de la simbiosis entre capital y estado. Sin embargo, el caso palestino puede ser, por desgracia, más que suficiente para entender la brutalidad de la maquinaria colonial. Que el colonialismo actúe de la mano de una forma concreta de concebir y habitar la identidad personal, abre la posibilidad a entender los genocidios físicos

151 ANDERSON, B. (2006). *Comunidades imaginadas*. Madrid: Fondo de Cultura Económica de España.

152 LEWELLEN, T.C. (1994). *Introducción a la antropología política*. Barcelona: Edicions Bellaterra.

que presenciamos actualmente como manifestaciones últimas de esa (buro)lógica opresora-homogeneizadora del estado. La dominación étnico-cultural se funde con la dominación económica y material; colabora con ella, la respalda y la legitima.

El genocidio palestino se lee, bajo estas lentes y de forma clara, como la punta del iceberg de los intereses y mecanismos capitalistas intrínsecamente colonizadores y patriarcales. Israel, como estado, funciona como ejemplo paradigmático de la ilegitimidad de toda estructura estatal y visibiliza, a su vez, la innegable relación de complicidad entre el estado-nación, los organismos internacionales y las grandes corporaciones supranacionales –ya sean estas arma-mentísticas, financieras o extractivas[153]–.

Desde una perspectiva feminista, la raíz paterna del poder materializa en Gaza su mecánica de la dominación a través del estado-nación militarizado. La representación última de los valores patriarcales se encarna así en la figura del *soldado*, una figura que, como nos demuestra el ejército israelí ya ha trascendido el género. La viralización constante de imágenes de mujeres-soldado israelíes nos permite confirmar la instrumentalización del feminismo liberal a favor de la impregnación radical del imaginario patriarcal-militar.

Ante tal imposición generalizada del poder patriarcal, Gaza traza las líneas del Otro en el que dicho poder se realiza. La autoridad civilizada habla, el pueblo *salvaje* calla. Militarismo, degradación ambiental y patriarcado se entienden de manera conjunta. El genocidio del pueblo palestino –y de cualquier pueblo colonizado y oprimido– es hoy una lucha que le incumbe al feminismo. No solo por su carácter eminentemente patriarcal, sino también y, especialmente, por su violencia fruto de las concepciones nacionalistas y unitarias de la identidad[154].

Reconocer el lugar ontológico desde el que parte la ofensiva israelí se convierte en parte fundamental de su comprensión al descubrir cómo el sionista *se apropia de* y *se reconoce en* la *humanidad* en contraposición a los *objetos* de su masacre que,

---

153 MÉNDEZ, S. (2024). La cuestión kurda en un contexto de guerra global sostenida. *Al margen*, (129), 22-23.

154 DI PAULA, MÉNDEZ, CANTOS. (2024, 10 de enero). Violencias que atraviesan cuerpos y territorios. *Pikara*. https://www.pikaramagazine.com/2024/01/violencias-que-atraviesan-cuerpos-y-territorios/

como bien indica su propio significante, se ven construidos desde la *inhumanidad* y su consecuente cosificación. Volvemos de nuevo sobre una definición *universal* de humanidad que es instrumentalizada particularmente a partir de ciertos valores ya recurrentes: masculinidad, poder, blanquitud y capital.

A este respecto, la *maquinaria antropológica* de la que nos habla Agamben ilustra el mecanismo "a partir del dispositivo del estado de excepción que posibilita la inclusión-exclusión de la vida y, con ello, la producción de la humanidad del ser vivo hombre al precio de excluir de ella, la animalidad que ha de quedar totalmente fuera del orden"[155]. Estado, identidad y *anthropos* se alían finalmente para reproducir y legitimar el genocidio en masa a partir de una idea clausurada y fetichizada de *humanidad*.

Por lo tanto, a la hora de comprender cualquier conflicto en su nivel más abstracto, alejado y cosificado, no podemos desatender la materialidad de la emoción cotidiana, relacional y personal que los sustentan. Cuando hablamos de *violencia colonial* y de *masacre* estamos hablando de miedo, de sentido de pertenencia y de *corazas*[156]. Cuando hablamos de neofascismo, también hablamos de miedo, también hablamos de aquella desposesión de la capacidad de confiar-amar al *otro*. Es por lo tanto crucial que comencemos a observar detalladamente la forma que tenemos de identificar(nos), de formar grupo, de construir comunidad. ¿La identidad encierra o libera? ¿La comunidad divide o ayuda a multiplicar lazos inesperados?

Podría considerarse esta la gran incógnita de la historia política. Cómo hacer convivir el deseo de transformación y metamorfosis con el deseo de pertenencia y seguridad. El deseo de *ser* con el deseo de *no-ser*. La tendencia a la desterritorialización continua (ruptura/arte/queer/mutación/esquizofrenia) con la de territorialización (propiedad/identidad/estado/institución/paranoia) como su consiguiente respuesta reactiva. La izquierda se ha dividido —y lo sigue haciendo— entre ambos flujos: tirantes, mutuamente (in)

---

155 KARMY, R. (2024, 16 de mayo). Averroes en Palestina. *Ficción de la razón*. https://ficciondela-razon.org/2024/05/16/rodrigo-karmy-bolton-averroes-en-palestina/

156 En el sentido que otorga al término Méndez Rubio en MÉNDEZ, R. (2020). *Fascismo de Baja Intensidad*. Santander: La Vorágine.

tensados, mutuamente repelidos. La territorialización radical es *fascismo*. La desterritorialización radical se *angustia* ante el vaciamiento total, al que trata tímidamente de codificar: "las sociedades sienten vivo placer por todos los códigos (...) pero es un placer destructivo y mortuorio"[157].

Abundan en la historia movimientos, corrientes, revoluciones, acontecimientos cuyo motor o razón de ser se sitúa en una de las dos tendencias y que, a lo largo de su desarrollo evolutivo muestran su otra cara, o incluso, se dan completamente la vuelta. La inicial desterritorialización del liberalismo burgués y su contracara en la propiedad privada y la organización monopolística. Las revoluciones obreras del siglo XX y la conformación de estados-nación fuertemente personalistas. Las vanguardias posmodernas, dadaístas y sesentayochistas y su fosilización en la institución-museo. La revolución queer y su riesgo de congelación y normativización identitaria. Los movimientos de descolonización acompañados de una demanda por el reconocimiento jurídico de sus administraciones y fronteras. En este punto, asumimos la conexión inevitable que se da entre ambos flujos. ¿Puede uno aparecer sin el otro?

En este sentido, Deleuze y Guattari son claros al reconocer estos "pasos subterráneos de un tipo a otro en la catexis libidinal"[158] como objeto principal del *esquizoanálisis*. Mientras algunas corrientes próximas a lo que conocemos como izquierda socialdemócrata o al marxismo clásico tratan de hacer malabares con estos pasos subterráneos, el xenofeminismo, posestructuralismo y posthumanismo se inclinan por dejarse llevar sin miedo a favor de la corriente de la producción deseante nómada. En esta precisa línea Foucault se reafirma en lo que considera el *núcleo moral del sujeto*: su infinita metamorfosis y transformación a partir de una relación de diferenciación, creación e innovación con nosotras mismas[159].

157 DELEUZE, G & GUATTARI, F. (1985 [1972]). *El Anti Edipo. Capitalismo y esquizofrenia*. Barcelona: Paidós. p. 253.
158 DELEUZE, G & GUATTARI, F. (1985 [1972]). *El Anti Edipo. Capitalismo y esquizofrenia*. Barcelona: Paidós. p. 287.
159 COLINA, F. (2019). *Foucaultiana*. Valladolid: La Revolución Delirante.

En suma, teniendo en cuenta las aportaciones teóricas que señalan la identidad como un mecanismo territorializante (y, en consecuencia, potencialmente paranoico-fascista); el posthumanismo, de la mano de Braidotti, Haraway y el xenofeminismo, apuestan por el antinaturalismo queer en la cuestión de género y por la des-identificación y desfamiliarización en cualquier campo identitario. La *subjetividad nómada* emerge, así, como protagonista de un devenir navegacional en constante apertura a identidades postmodernistas vinculadas a partir de afinidades políticas. El gran reto de la sociedad posthumana aflorará como el abandono del miedo a la parcialidad y la búsqueda del "placer dentro de la confusión de las fronteras"[160]. Sobrevienen, en fin, sin pretenderlo, las principales cuestiones filosóficas posthumanas que se desprenden del proceso de des-identificación:

> cómo desarrollar un pensamiento crítico después de la sorprendente toma de conciencia de la incerteza ontológica, y, en segundo lugar, cómo reconstituir un sentimiento de comunidad unida por afinidades y responsabilidad ética, sin incurrir en las pasiones negativas de la duda y la sospecha[161].

Dilucidar la cuestión identitaria es por lo tanto vital en la construcción de un proyecto posthumanista. Continuar caminando hacia el mismo destino por caminos contrarios no hará otra cosa que ralentizar nuestro paso en colectivo o, directamente, frustrar nuestros objetivos. Otra alternativa pasaría por continuar el trayecto sin prestar atención a nuestras diferencias básicas, asumiendo el riesgo que implicaría una potencial división de fuerzas (como se está evidenciando en los recorridos disgregados de las manifestaciones del 8M a nivel internacional). Precisamente la escritura de estas páginas se debe al temor a las consecuencias de esta tercera opción, apuntando de forma directa a esta contradicción libidinal que nos constituye y que, sin embargo, constantemente paraliza y bloquea el actuar revolucionario.

---

160 HARAWAY, D. (2020). *Manifiesto Cíborg*. Madrid: Kaótica Libros. p. 16.

161 BRAIDOTTI, R. (2015). *Lo posthumano*. Barcelona: Gedisa. p. 17.

La cuestión postantropocéntrica: el *amor imperfecto*.

Cuando hablamos de subjetividad en relación con el antropocentrismo en los proyectos posthumanos, apreciamos una notable multiplicidad y diversidad de perspectivas. Mientras el aceleracionismo y el xenofeminismo no sitúan en el centro de su propuesta la cuestión antropocéntrica, el cíborg de Haraway y el posthumanismo de Braidotti lo consideran como elemento ineludible. ¿Es fundamental para la sociedad posthumana convivir con el resto de especies desde el post*antropo*centrismo? ¿Es siquiera posible construir un postantropocentrismo desde el *anthropos*?

Tal y como se observa en la tabla **(Figura 5)**, el proyecto aceleracionista se asocia, en rasgos generales, a la razón y al antropocentrismo. Esto no quiere decir que el postantropocentrismo o la emoción sean incompatibles con tal programa, sino que, simplemente, no son cuestiones determinantes para él. En este sentido, la sociedad aceleracionista posthumana podría ser perfectamente compatible con una cosmovisión del mundo que continúe siendo antropocéntrica e ilustrada en cierta medida. En contraposición, el posthumanismo que representan Haraway y Braidotti diverge enormemente, otorgando gran importancia a esta cuestión y, por lo tanto, siendo inconcebible para ellas una sociedad posthumana antropocéntrica.

Comenzaré en primer lugar presentando, sucintamente, en qué consiste el postantropocentrismo, en segundo lugar, trataré de exponer la crítica postantropocéntrica al concepto de "naturaleza" y, en tercer lugar, señalar la profunda crisis que esta transformación supone para la ética humana y algunas de las principales características de su futura superación.

Si descomponemos la palabra postantropocentrismo en sus diferentes significantes, podemos definir el término como "lo que viene después" (post) del "ser humano" (antropo) "como centro de todas las cosas" (centrismo). *Lo que viene después del ser humano como centro de todas las cosas.* En esto consiste el postantropocentrismo, en superar al ser humano como sujeto en torno al cual gira el resto del planeta, de animales no humanos y de objetos. Aunque en un primer momento pueda parecer algo sencillo de entender, su reto mayor lo encontramos a la hora de construir materialmente el concepto.

Si, precisamente, hemos identificado nuestro antropocentrismo gracias a un proceso de deconstrucción y crítica de nuestras propias premisas epistémicas, ¿cómo podemos construir un proyecto postantropocéntrico desde el espacio vacío que estas han dejado? ¿Cómo transformar el espacio liminal en espacio productivo? ¿Es la liminalidad el no-lugar idóneo para construir lo (in)existente? Por suerte o por desgracia, el postantropocentrismo supone aceptar, en parte, que nuestro lenguaje humano puede no ser suficiente para la comunicación interespecie. Esto significa que, para llevar adelante ese proceso de devenir animal, devenir tierra y devenir máquina, deberemos desprendernos de la idea de *construir* el postantropocentrismo desde el propio régimen simbólico; desaprendiéndolo y aventurándonos hacia nuevas experiencias sensoriales a través de nuestras *somatecas*[162]. Para continuar desaprendiendo nuestra humanidad, David Abram constituye, en la aventura del *devenir animal*, uno de los grandes referentes en sus reflexiones y propuestas acerca de la ampliación de nuestros sentidos y vías de comunicación en obras como *La magia de los sentidos* (2000) o *Devenir animal: una cosmología terrestre* (2021)

En el corto audiovisual *The turning point* (2020) de Steve Cutts podemos ver una fuerte crítica a la sociedad antropocéntrica destructiva con el resto de especies. Sin embargo, parece claro que la vía utilizada para llegar a nuestras emociones continúa siendo antropocéntrica. Nuestra compasión despierta en la medida en que reconocemos al otro en nosotras mismas. Esta constatación nos hace conscientes del profundo vínculo entre emocionalidad y antropocentrismo y, por lo tanto, de la sospecha de que nuestra compasión puede llegar a ser esencialmente excluyente.

De un modo análogo a la crítica de Žižek al multiculturalismo, la integración se revela excluyente cuando se ejerce desde premisas particulares universalizadas –llámese etnocentrismo, androcentrismo o antropocentrismo–. Haciendo uso del *amor perfecto* de Kierkegaard, Žižek argumentará cómo el amor solo

---

162 Paul B. Preciado define el cuerpo como un aparato somático que desborda sus límites físicos.

puede ser perfecto en la medida en que su objeto amado no lo es, en la medida en que su objeto es un otro único y contingente. Las críticas al antropocentrismo aparecen de esta manera, y en la mayoría de ocasiones, como claros ejemplos de un *amor imperfecto* y de su inevitable aislamiento inconsciente de ese otro[163].

En definitiva, el postantropocentrismo trata de superar el *ser humano*[164] como centro y medida de todas las cosas, sin embargo, supone un reto abismal tratar de construirlo. Por ello, resulta fundamental para este proyecto aquel proceso de desfamiliarización del que nos habla Braidotti, sumergiéndonos en nuevas formas de *ver, entender, sentir* y *ser* en el mundo. Formas que todavía no existen pero que, a modo de *hiperstición*[165], cuando sean reales en cierto modo, siempre lo habrán sido.

En segundo lugar, cuando tratamos el postantropocentrismo volvemos a hacerlo en términos dialécticos. El ser humano frente a la naturaleza. Pero ¿qué es exactamente la naturaleza? ¿Cuál es la línea que separa lo natural de lo artificial? Aunque parezca mentira, la concepción de la "naturaleza" como ente diferenciado al que podemos observar de forma externa es relativamente reciente. En *La práctica de lo salvaje* (2016) Gary Snyder explica cómo la llegada de la civilización surge como el acontecimiento por excelencia que propicia la separación radical con el entorno. En el estado salvaje primario – n el sentido de Snyder la naturaleza formaba parte de nosotras mismas, no nos habíamos alejado tanto de *aquello que según la ontología humana entendemos como naturaleza* como para tratarla estéticamente. Sin embargo, junto con la modernidad occidental, aparece la práctica de la descripción poética y del tratamiento del paisaje como objeto estético observable, tangible y diferenciado[166].

Ulrich Beck también apunta sobre esta presunción dialéctica escondida tras el concepto de *naturaleza* acusando al término de

163 ŽIŽEK, S. (2006). *Arriesgar lo imposible. Conversaciones con Glyn Daly*. Madrid: Trotta. pp. 112-119.

164 *Ser humano* como conceptualización abstracta del sujeto perteneciente al campo metateórico.

165 La *hiperstición*, término credo por el filósofo inglés referente aceleracionista Nick Land, es una especie de profecía autocumplida que, mediante la ficción termina superando (hiper) la superstición y realizándose materialmente.

166 SNYDER, G. (2016). *La práctica de lo salvaje*. Madrid: Varasek Ediciones.

funcionar como una *falacia naturalista*[167] mediante la cual creemos que la naturaleza existe por el simple hecho de nombrarla de esta manera. Beck va más allá al designar la naturaleza como un concepto enteramente social en el que, por consiguiente, influyen valores morales, éticos y políticos. "La propia naturaleza no es naturaleza: es un concepto, una norma, un recuerdo, una utopía, un plan alternativo"[168]. En esta misma línea, el autor critica los movimientos ecologistas por tratar de naturalizar una realidad profundamente social mediada por los medios de comunicación y los diferentes intereses políticos.

En consecuencia, podemos concluir que el concepto de *naturaleza* tampoco escapa al antropocentrismo, lo que vuelve necesario el replanteamiento, revisión y reformulación de los símbolos con los que representamos lo no-humano. Aparece en este punto de nuevo la paralización nacida de la deconstrucción, sobreviniendo urgente un nuevo enfoque socioecológico y postantropocéntrico que consiga relacionarnos con lo no-humano de otra forma; a través de un *continuum naturaleza-cultura*.

En último lugar, es preciso hablar de la revolución que el postantropocentrismo conlleva para la ética. La ética posthumana es una cuestión radical importantísima que funciona como base del resto de dimensiones: ontológica, epistémica y técnica. Supone por lo tanto una dimensión transversal que recorre y rodea los fundamentos posthumanistas. A lo largo del análisis de las encrucijadas expuestas, podremos ir perfilando los principios éticos que, en el tercer capítulo, surgirán conformando las líneas básicas del nuevo paradigma moral.

Para desestabilizar los cimientos éticos modernos occidentales primero deberemos identificarlos. La ética tal y como la conocemos en Occidente es muy amplia. Indudablemente aparece como producto histórico con origen en la filosofía griega, influenciado por la moral judeocristiana y desarrollado a partir de la Ilustración desde pretensiones racionales ligadas al campo jurídico. Podemos situar, sin embargo, tres pilares que la fundamentan como ética

---

167 La *falacia naturalista* es un tipo de falacia que se revela falaz al tratar de igualar una propiedad natural a una propiedad moral. La naturaleza no es natural por designarla como tal.

168 BECK, U. (2006). *La sociedad del riesgo global*. Madrid: Siglo XXI. p. 32.

occidental moderna: el *andro-antropocentrismo*[169], el racionalismo y el sensocentrismo.

Para limitarnos en este apartado al tema que nos ocupa, reservaremos la crítica al racionalismo para la sección epistemológica y nos centraremos en desestabilizar la ética como ética antropocéntrica y, en consecuencia, sensocéntrica. La ética occidental moderna es antropocéntrica en muchos sentidos. En su sentido más obvio, es antropocéntrica en tanto que forma parte del régimen simbólico y se revela fruto de un relato histórico particular. En un segundo nivel, es antropocéntrica en la medida en que sus principios se rigen por una cosmovisión inercialmente *humana* y, por consiguiente, masculina, eurocéntrica e ilustrada. Estas dos causalidades conforman el núcleo de lo que conocemos como *teoría crítica de los derechos humanos*, situándolos como normas que, fosilizadas en la simbología jurídica, reproducen desigualdades sistémicas[170].

En este sentido antropocéntrico, Marta Nussbaum se esfuerza por desmontar la ética animal que parte de la lógica del "fuerte parecido con nosotros", proponiendo y moldeando nuevas formas de empatía acordes a las capacidades animales hasta ahora (in)exploradas apelando a la necesidad de apreciar y valorar el *ser animal* como *inteligencia extraña*[171]. Este enfoque ético antropocéntrico a superar, campa a sus anchas por nuestras vidas cotidianas y en la cultura popular, desde las películas protagonizadas por animales humanizados −generalmente animales domésticos, simios o delfines− hasta argumentaciones provenientes de comunidades veganas de defensa de los derechos de *ciertas* vidas animales. Una escena de *El rayo verde* de Rohmer ejemplifica el fenómeno a la perfección cuando su protagonista comparte con los comensales las razones por las que basa su dieta en vegetales y no en carne animal: "No es lo mismo. Una lechuga se parece mucho menos a mí que la carne o que un animal (...) No sé. *Sin sangre. Ni corazón*" (min 25:40).

169 El antropocentrismo, siguiendo estos planteamientos, se entiende como necesariamente androcéntrico desde el momento en que el ser humano es representado simbólicamente como hombre. Ver p. 12 en "El Hombre de Vitruvio y el mito de la universalidad".

170 HERRERA FLORES, J. (2008). *La reinvención de los derechos humanos*. Sevilla: Atrapasueños.

171 NUSSBAUM, M. (2023). *Justicia para los animales*. Barcelona: Paidós.

Sin embargo, existe un tercer nivel en la constitución antropocén-trica de la ética moderna al que no se ha prestado tanta atención: el *sensocentrismo*. Pero ¿qué significa exactamente que nuestra ética es sensocéntrica? El *sensocentrismo* hace referencia a un cri-terio ético que entiende la capacidad de sentir como el centro de la moralidad. La capacidad de sentir aparece muy ligada, al mis-mo tiempo, a la consciencia. Un ser consciente es también un ser que es capaz, potencialmente, de percibir su propio dolor, placer o emociones. Se descubre por lo tanto como antropocéntrica por de-pender esta de una vivencia que como humanas somos capaces de experimentar[172] –la consciencia del propio dolor–. De este modo es la *experiencia subjetiva de consciencia* el factor que se adueña de la emocionalidad para legitimar y promulgar un discurso moralizante que prescribe lo que es adecuado y lo que no lo es. Volvemos a ese *amor imperfecto* y al intento de integrar al otro en la medida en que nos reconocemos en él.

En primer lugar, no existen hoy en día estudios que concluyan la no consciencia o la falta de capacidad para sentir de la gran mayoría de seres vivos que habitan la tierra. De hecho, en el año 2012, un prestigioso grupo de investigadores se reunió en Cambridge para tratar cuestiones relativas a la neurociencia animal, declarando que:

> Hay evidencias convergentes que indican que los animales no humanos poseen los sustratos neuroanatómicos, neuroquímicos y neurofisiológicos de los estados de consciencia, junto con la capacidad de mostrar comportamientos intencionales. En consecuencia, el peso de la evidencia indica que los humanos no somos los únicos en poseer la base neurológica que da lugar a la consciencia[173].

En un estudio de la Universidad de Belfast fechado en 2016, se descubría que algunos invertebrados como los cangrejos, los abejorros, cefalópodos y pulpos experimentan también el mundo

---

172 La consciencia del propio dolor no es exclusiva de lo humano, sin embargo, sí es utilizada como criterio ético excluyente por *el humano*. Por lo tanto, pese a que no existan estudios que demuestren la no consciencia de lo no-humano, nuestra ética sí cree en esa exclusivi-dad consciente y, en consecuencia, se organiza sobre esta base.

173 Declaración de Cambridge sobre la consciencia: https://www.animal-ethics.org/declara-cion-consciencia-cambridge/

a través del dolor[174]. En *La vida secreta de los árboles* (2016), Peter Wohlleben explica cómo los árboles se comunican entre ellos, se advierten de los peligros y se cuidan mutuamente. El biólogo Frantisek Baluska del Instituto de Botánica Celular y Molecular de la Universidad de Bonn afirmó en 2005 que en las puntas de las raíces existen estructuras similares al cerebro humano[175]. Se está demostrando, por lo tanto, que también en el mundo vegetal podemos encontrar estructuras y relaciones sociales que nos recuerdan a nuestro comportamiento.

Frente a estos descubrimientos, investigadoras/es de la Universidad de Murcia no dudan en plantear la posibilidad de que las plantas sean capaces de sentir como los animales no-humanos[176]. Presupondría una prepotencia humana brutal negar la capacidad de sentir a más de la mitad de seres vivos del planeta teniendo en cuenta que "hasta que no haya una teoría de la consciencia que explique su naturaleza más fundamental y sea capaz de inferir qué características necesita un sistema físico para ser consciente, no podremos afirmar con cierta seguridad qué organismos lo son y cuáles no"[177]. La corriente de la ecopsicología, por ejemplo, carga a sus espaldas con un largo recorrido en la lucha por el reconocimiento del *self* y de la *psique* de los animales no humanos. Es decir, que hoy en día continúa constituyendo una lucha el tratar de otorgar agencia a esa naturaleza a la que hemos vaciado de voluntad, como un lugar cosificado, como tierra nula (*terra nullis*)[178].

En consonancia con la filosofía oriental antigua, Gary Snyder nos recuerda una afirmación del maestro budista japonés Dogen

174   MAGEE, B., & ELWOOD, R. W. (2016). Trade-offs between predator avoidance and electric shock avoidance in hermit crabs demonstrate a non-reflexive response to noxious stimuli consistent with prediction of pain. *Behavioural processes*, 130, 31-35. https://doi.org/10.1016/j.beproc.2016.06.017

175   WOHLLEBEN, P. (2016). *La vida secreta de los árboles*. Barcelona: Ediciones Obelisco, p. 80.

176   SEGUNDO-ORTIN, M & CALVO, P (2023) Plant sentience? Between romanticism and denial: Science. *Animal Sentience*, 33(1)

177   ESCAMILLA RUIZ, S. (2023, 14 de mayo). ¿Sienten los cangrejos? ¿Y las plantas? La consciencia no es exclusiva del ser humano. *The Conversation*. https://theconversation.com/sienten-los-cangrejos-y-las-plantas-la-consciencia-no-es-exclusiva-del-ser-humano-204630

178   BRADSHAW, G.A. & WATKINS, M. (2006). Trans-species psychology: Theory and praxis. *Spring: A Journal of Archetype and Culture*, 75(1), 1-26.

Kigen en *Sansui-kyo* (1240) que dice: "Si dudas de que las montañas caminan, desconoces tu propio caminar"[179]. No hay una afirmación más confusa y a la vez tan cierta como esta. Entender el universo como un todo interconectado desde el monismo epistemológico implica comprender que las montañas, el aire y el agua también caminan a nuestro lado. De una forma u otra, forman parte de un mismo sistema vitalista autopoiético.

Sin embargo, en todas estas consideraciones continuamos partiendo de una visión antropocéntrica. ¿Es estrictamente necesario situar el sentir y la consciencia en el centro de nuestra moral? ¿Podríamos llegar a concebir una ética postsensocéntrica? ¿Qué ética sería más propiamente ética que la que reconoce y respeta al otro también a través de su desconocimiento? Quizás, lo que deberíamos descubrir a fin de construir una ética posthumana postantropocéntrica no es qué seres vivos son capaces de sentir y de acompañarnos en nuestro caminar, sino si somos capaces de querer y respetar al otro con independencia de sus facultades sensitivas.

La cuestión postantropocéntrica es por lo tanto un eje funda-mental en el proceso de edificación de una sociedad posthuma-na. Mientras unas propuestas no lo contemplan, otras comienzan a plantearlo y las más radicales apuestan por un *extrañamiento* drástico con respecto a las posiciones más tradicionales. Esclarecer el nivel de postantropocentrismo presente en los principios éti-co-políticos de este proyecto utópico será, en fin, una tarea que deberemos esclarecer conjuntamente si entre nuestros objetivos se encuentra el respeto, la comunicación y la armonía con el resto de seres no-humanos.

DILEMA EPISTEMOLÓGICO

En primer lugar y antes de comenzar con el análisis de los tres puntos críticos de la cuestión epistemológica posthumana, es necesario que se entienda el análisis como un conjunto interconectado. Cuando se habla de epistemología dialéctica,

179 SNYDER, G. (2016). *La práctica de lo salvaje*. Madrid: Varasek Ediciones. p. 141.

racional y discursiva se hace referencia a un modelo que funciona a partir de la interrelación de estas tres bases, al igual que lo hace una epistemología monista, postracional y poética. El análisis individualizado de sus tres dimensiones tan solo nos es útil para organizar y distribuir el discurso en un mismo espacio narrativo, no pretende viviseccionar la epistemología en fragmentos aislados e independientes.

Dicho esto, comenzaremos con un análisis de la epistemología dialéctica y su cuestionamiento desde la propuesta posthumanista de Braidotti para después presentar nuevas emocionalidades *sentipensantes* y, por último, indagar el alcance del lenguaje discursivo e históricamente determinado.

Deconstruyendo la dialéctica: ¿somos capaces de salirnos de la escena?

Tal y como se trata en el apartado referente a la *crisis epistémica ilustrada*[180], los paradigmas racionalistas se han visto asociados y definidos, generalmente, desde marcos de inteligibilidad dialécticos. Partiendo de la filosofía clásica griega, se dice que Heráclito fue el *padre de la dialéctica* insinuando la oposición natural entre objetos y conceptos que se niegan mutuamente. Siguiendo esta misma línea, los diálogos de Platón se suman a esta concepción entendiendo la tarea dialógica como un contraste de ideas que requieren, en último término y para determinar la *verdad*, de la refutación. Más adelante, Aristóteles también presentará en *Metafísica*[181] y en los *Tópicos*[182] la dialéctica como el método por excelencia para determinar la base filosófica de la ciencia y defender su presunta objetividad.

Sin embargo, cuando escuchamos la palabra dialéctica, posiblemente los primeros autores en los que pensemos sean G. W.

---

180 Ver en pp. 35-39.

181 ARISTÓTELES. (2014). *Metafísica*. Barcelona: Gredos.

182 ARISTÓTELES. (2012). *Tópicos: Libro primero*. Colombia: Universidad Nacional de Colombia.

F. Hegel, K. Marx, F. Engels o incluso Mao Zedong y no en toda esta serie de filósofos griegos de los siglos anteriores a Cristo. Y vienen a nuestra mente unas teorías mucho más recientes, como lo son la filosofía hegeliana o el marxismo, por su conocido *materialismo dialéctico*. El materialismo dialéctico se trata de una corriente del materialismo que entiende la realidad material como una constante dialéctica o contradicción entre diferentes elementos. Siguiendo el esquema dialéctico hegeliano *tesis-antítesis-síntesis*, el marxismo sitúa la existencia social como una lucha constante entre partes o elementos de la realidad cuya contradicción da lugar a nuevas materialidades. Se desprende de aquí el *materialismo histórico* como ese marco conceptual que entiende el desarrollo histórico desde la lucha entre clases antagonistas, cuya síntesis o superación produce nuevas formas de existencia igualmente dialécticas.

Más de un siglo más tarde, Theodor Adorno presentaría su *Dialéctica negativa* (1966) apuntando sobre el carácter negativo de la síntesis dialéctica, de esos huecos y lugares inalcanzables que el procedimiento dialéctico permite emerger. De esta manera, la síntesis no siempre implica la afirmación positiva de una nueva realidad, sino la evidente constatación de la imposibilidad de unidad. En este sentido, puede asimilarse en algunos aspectos a esa filosofía monista spinozista que entiende la realidad como un universo interconectado no-unitario o a la *producción deseante* (*flujo-corte-flujo-corte*) de Deleuze y Guattari. Esta perspectiva determinaría vínculos relacionales entre aquello existente e inexistente permitiendo la autonomía de la propia existencia (autopoiesis), mientras que la dialéctica unitaria delinearía límites claros de demarcación. Se parte así desde la apertura y la inclusión en oposición a la exclusión y la clausura.

Es a partir de finales del siglo pasado cuando todos estos cuestionamientos epistemológicos comienzan a surgir señalando aquellos espacios en blanco que el esquema dialéctico invisibiliza –o directamente excluye–. Sería este el caso de la *analéctica* de Enrique Dussel. Tal y como se explicaba en el apartado sobre crisis epistémica, Dussel propone desde la teoría decolonial la *analéctica* como una nueva perspectiva de análisis que trata de posicionarse fuera de la dialéctica, de salirse de la escena. En la medida en que lo dialéctico distribuye la realidad en dos polos esencialmente opuestos cuya complementación conforma la unidad, esta se vuelve inevitablemente excluyente. Es el lugar de enunciación de la universalidad, la ubicación de aquel que hace uso del privilegio de *ser sujeto*, desde donde terminan enunciándose dicotomías tan categóricas.

Es por ello por lo que, las propuestas posthumanistas de Haraway o Bradiotti han tendido hacia epistemologías más monistas y no-unitarias. La unidad se presenta socialmente como fantasma legitimador de todo tipo de discursos reaccionarios; desde la unidad del sistema sexo-género hasta la unidad nacional, pasando por la unidad de la ciencia o la unidad matrimonial. La des-identidad y el devenir se alinean de este modo con una realidad que, lejos de ser dicotómica y unitaria, es diversa, infinita y relacional. Será la comprensión del vínculo relacionalidad-infinitud de las espiritualidades orientales lo que nos permita abordar nuestras realidades desde ese *abrazo a la parcialidad* y *a la confusión de las fronteras*[183].

Pero, si el posthumanismo de Braidotti ya apuesta por una epistemología postdialéctica ¿por qué supone esta cuestión un punto de tensión para el proyecto posthumano? El marco epistemológico dialéctico supone un conflicto en la medida en que otros proyectos –aquí clasificados como posthumanistas– todavía defienden su utilidad como instrumento de análisis. El caso más claro es el de la propuesta aceleracionista. El aceleracionismo defiende la idea de que la tecnología como fruto del desarrollo capitalista es el elemento que terminará con el propio sistema. Como un Edipo tecnológico, la profecía parricida lo condena a acabar con su régimen progenitor; como una metástasis, se extiende por los resquicios de un cuerpo que agoniza. Apropiarnos de ese otro tecnológico es para el aceleracionismo el punto clave que nos permitirá trascender las lógicas capitalistas e incluso la tiranía del trabajo asalariado.

A partir de referentes teóricos como Reza Negarestani, Nick Srnicek, Ray Brassier o Nick Land, el aceleracionismo se mueve en términos eminentemente marxistas y ciertamente dialécticos. Esto

---

183   HARAWAY, D. (2020). *Manifiesto Cíborg*. Madrid: Kaótica Libros. p. 16.

se vuelve evidente en cómo su discurso se estructura alrededor de pares dialécticos tales como burguesía-proletariado o medios de producción-relaciones de producción. Asimismo, defienden con claridad la *culminación de la Ilustración* y una estructura organizativa que haga uso, en cierta medida, de la verticalidad[184].

Como vemos, no existe un consenso acerca de la cuestión dialéctica en los proyectos posthumanos postcapitalistas. La perspectiva analítica aceleracionista difiere radicalmente de la perspectiva analítica *posthumana* defendida por Braidotti y Haraway. Esta contradicción, pese a poder parecer nimia, no lo es en absoluto si tenemos en cuenta que el punto de partida y las gafas que nos pondremos para construir este nuevo proyecto son determinantes; conduciéndolo hacia direcciones que, si nacen de posicionamientos teóricos alejados, corren el riesgo de terminar siendo opuestas en su práctica. Resulta claro, además, cómo la propuesta más racional del aceleracionismo proviene de teóricos masculinos, mientras el posthumanismo más emocional de Braidotti –alineado con el ecofeminismo materialista– cuenta con referentes fundamentalmente femeninos.

La revolución del sentipensar: ¿Quién ha dicho que mente signifique pensamientos, opiniones, ideas y conceptos?

Desde aquellos dualismos cartesianos, razón y emoción han funcionado como pares antagonistas. Allí dónde hay emoción no hay razón y viceversa. Entendemos desde esta afirmación, que, al igual que el resto de dualismos, se refiere a un par construido a partir de la oposición, de la exclusión. Mediante una dialéctica negativa, uno es más racional en la medida en que somete, limita o extrae su emocionalidad. El adjetivo calificativo *irracional* para cualquier tipo de emoción es utilizado de esta manera para marcar la diferencia con el plano racional e ilustrado. No hace falta realizar ningún estudio en profundidad sobre el significante *irracional*

---

184 AVANESSIAN, A; REIS, M. (2017). *Aceleracionismo*. Buenos Aires: Caja Negra. pp. 33-48.

para saber que este es utilizado cotidianamente como sinónimo de absurdo, disparatado o caótico. El carácter peyorativo que se impone sobre el término ilustra así la relación de dominación que recorre transversalmente los dualismos modernos, relegando la irracionalidad al abismal campo de la ilegitimidad.

La irracionalidad, la emoción, la intuición, lo inexplicable científicamente es de este modo supeditado, aplastado y acosado por la racionalidad moderna. Como un *bully* en el patio del colegio, la racionalidad no deja espacio a la irracionalidad, empezando por arrebatarle la palabra y terminando por condenar su existencia. El resultado de este *acoso y derribo* es lo que conocemos hoy en día como ciencia moderna, una ciencia que lleva siglos esforzándose por demostrar la superioridad epistemológica de la razón; estableciendo principios, creando indicadores, instaurando códigos particulares, demostrando fórmulas infinitas. La insistencia humana por encontrar la *verdad* cueste lo que cueste ha terminado por liquidar todas aquellas verdades ilegítimas. Parece que, finalmente, nos está costando más de lo que imaginábamos.

Mientras el principio de objetividad y la *tesis de la neutralidad valorativa*[185] continúen rigiendo la ciencia occidental moderna, todo aquel saber que no se ajuste a ellos pasará a ser rechazado y denostado como simples patrañas u opiniones *sin fundamento*. Como la emoción no puede codificarse en términos socialmente establecidos como objetivos, es por lo tanto errada en sus intuiciones, un peligro para el saber verdadero y –en consecuencia y mirando por nuestra seguridad epistemológica– el animal salvaje al que encerrar bajo llave.

Como sabemos, estos son los principios modernos propios de la filosofía occidental que se establecieron como hegemónicos a partir de la revolución ilustrada de los siglos XVII y XVIII y de su consecuente proceso de secularización. No han sido, sin embargo, pocas, las críticas lanzadas a este paradigma positivista. Como ya repasamos en anteriores apartados, la teoría crítica de la Escuela de Frankfurt ha sido pionera en el juicio al racionalismo

185 La tesis de la neutralidad valorativa dice que la ciencia debe prescindir de juicios estimativos (éticos, estéticos y políticos). El ejercicio de este principio permitiría al científico posicionarse frente al conocimiento mismo desde la neutralidad moral permitiendo al saber emerger sin condicionamiento ni influencia externa.

instrumental y en la defensa de la restitución de la subjetividad como instrumento de saber. No obstante, sus principales referentes terminaban moviéndose dentro de paradigmas racionalistas más abiertos, pero, finalmente racionalistas.

Podríamos decir que el feminismo ha sido la corriente más crítica con la racionalidad por excelencia. Y esto lejos de sorprendernos, resulta coherente teniendo en cuenta cómo lo femenino ha habitado durante siglos los espacios silenciados de la emocionalidad. En este sentido, el análisis filosófico-teórico ecofeminista referente a la jerarquización de dualismos estructuradores de la realidad social se revela fundamental para comprender el vínculo de opresión histórica que comparten femenino-emoción. Tampoco nos debe extrañar que los movimientos por la defensa de los pueblos y culturas indígenas, especialmente de Abya Yala, contengan en sus narrativas la emocionalidad y la espiritualidad como uno de sus elementos centrales. Cuando los polos oprimidos –lo femenino, especies no-humanas y Sur global– despiertan, despierta también la urgencia por defender lo emocional, por defender la epistemología que les es propia, habiendo constituido su lugar de enunciación histórica.

Lo que parece necesario es que equilibremos la balanza. Aún diría más. Lo que resulta urgente es que dejemos de ver una balanza y comencemos a entender la epistemología en términos monistas y analécticos. La cuestión no es encontrar el equilibrio ideal entre dos elementos, porque el equilibrio presupone una diferencia, una distancia, una oposición. Lo que realmente nos ocupa es conseguir comprender que la razón no existe sin emoción ni la emoción existe sin razón. Y no solo comprenderlo, sino también ponerlo en práctica, hacer uso del nuevo entendimiento en nuestras vidas cotidianas, toma de decisiones y empatía con los-otros.

En esta misma línea de carácter más monista y holístico, el educador Saturnino De la Torre constituye un referente en la defensa por el *sentipensar*. En su obra con el mismo nombre, De la Torre explica cómo el sentimiento toma partido también en el proceso de construcción del conocimiento y, por lo tanto, cómo su expulsión sistemática del sistema educativo conforma un error crucial para los métodos de aprendizaje. Ejercer el *sentipensar* supone relacionarnos con la realidad desde un plano diferente, aceptando la propia subjetividad y reconociendo la inseparable interrelación entre razón y emoción. En pocas palabras, supone una crítica directa al empeño por *biseccionar procesos inextricablemente unidos*[186].

De hecho, ya está demostrado a nivel neurológico que razón y emoción son neuroanatómicamente inseparables desde el momento en que todo pensamiento racional viene precedido y condicionado por un estado emocional[187]. En la misma línea, la *teoría de la primacía afectiva* de Zajonc[188] alude igualmente al cimiento emocional primario de toda conciencia pensante en los primeros años de vida.

Si retornamos sobre filosofías y saberes tradicionales u orientales, encontramos un gran número de concepciones, procedimientos y, en definitiva, cosmovisiones, que no temen la emoción. Que no temen la irracionalidad de lo vivo, sino que la entienden como parte fundamental de cualquier motivo de existencia. En el antiguo Egipto era común, a la hora de embalsamar los cuerpos, tirar el cerebro, ya que tenían la convicción de que el centro de la conciencia era el corazón. Snyder, en relación con razonamientos más plurales y abiertos, vuelve a iluminarnos esta vez con una afirmación que, basada en espiritualidades monistas orientales, es tan cruda como afiladamente hermosa: "¿Quién ha dicho que *mente* signifique pensamientos, opiniones, ideas y conceptos? *Mente* significa árboles, postes de una cerca, tejas y hierbas"[189].

Y ahora podríamos preguntarnos: ¿Qué tiene que ver todo esto con el posthumanismo? Tiene que verlo todo. Desde el momento en que el posthumanismo trata de superar lo humano entendido como racional, colonial, patriarcal y ecocida, las reivindicaciones de lo irracional, antirracistas, feministas y ecologistas son

186 DE LA TORRE, S. & MORAES, C. (2005). *Sentipensar: Fundamentos y estrategias para reencantar la educación*. Málaga: Aljibe.

187 DAMASIO, A. (2022). *El error de Descartes*. Barcelona: Booket.

188 Zajonc, R. B. (1980). Feeling and thinking: Preferences need no inferences. *American Psychologist*, 35(2), 151-175. https://doi.org/10.1037/0003-066X.35.2.151

189 SNYDER, G. (2016). *La práctica de lo salvaje*. Madrid: Varasek Ediciones. p. 36.

instantáneamente etiquetadas como posthumanistas. Además, la defensa de la irracionalidad forma parte fundamental de cómo interactuamos con y conocemos el mundo, por lo que, en cierto sentido, podría decirse que es uno de los puntos más radicales de la propuesta posthumana.

Sin embargo, si razón y emoción continúan entrando en contradicción en la tabla **(Figura 5)** es, de nuevo, porque no todas las propuestas posthumanistas abogan por una epistemología *sentipensante*. En el caso de Braidotti y Haraway probablemente sean las que más se acercan a esta propuesta (de las estudiadas en esta investigación). Aparte de su defensa del carácter holístico y rizomático de la realidad, Haraway se declara como una "laica fallida" y Braidotti reivindica una teología feminista[190]. Podríamos decir que sí entran dentro de una corriente crítica con la racionalidad ilustrada. En cambio, otras propuestas como la xenofeminista, la aceleracionista o la decrecentista se presentan más alejadas de estas posturas radicales. En diferente medida, algunas de ellas no entran en la cuestión mientras otras continúan apostando por la reproducción de los axiomas ilustrados.

El decrecimiento más hegemónico (explicado en profundidad en el apartado sobre el dilema técnico), por ejemplo, no introduce particularmente la cuestión de la emocionalidad en su propuesta por el simple hecho de que está planteado desde los marcos occidentales modernos, lo que implica necesariamente, su carácter más racionalista. Las propuestas que entran en contacto más directo con la tecnología –como la xenofeminista y la aceleracionista– se alejan progresivamente de las propuestas más espirituales o irracionales, partiendo, inconscientemente, de la premisa ilustrada dualista según la cual tecnología-cultura-racionalidad se entienden como pack indisociable.

---

190 Para tratar la teología feminista, Braidotti realiza un recorrido histórico por todas aquellas autoras que entendieron el feminismo en sintonía con la espiritualidad. Desde Audre Lorde, Alice Walker, Mary Daly o Luce Irigaray hasta la literatura de mujeres afroamericanas atestiguada por Bell Hooks o Cornell West, el feminismo ha podido interpretarse, también, en términos religiosos y espirituales. De esta manera, el feminismo laico es descubierto como un modelo concreto de feminismo y no como precondición universal de la emancipación y liberación femeninas. Ver en BRAIDOTTI, R. (2015). *Lo posthumano*. Barcelona: Gedisa. pp. 44-51.

En el caso de la propuesta aceleracionista esto ya alcanza dimensiones insospechadas, situando la racionalidad como elemento clave del proyecto y, al igual que con el pensamiento dialéctico, defendiendo una *culminación de la Ilustración*. Esta idea se manifiesta sobre todo en su manera de entender la tecnología como una parte de la realidad que puede objetivizarse, extraerse y utilizarse siguiendo lógicas alejadas de la acumulación y degradación capitalistas.

Viendo tal panorámica, ¿Hasta qué punto vibran en consonancia las diferentes propuestas posthumanistas? ¿Pueden razón y emoción entrar en conflicto permanente e irresoluble? Afirmar esto supondría, salvando las distancias, aceptar que masculino y femenino, naturaleza y cultura o Norte y Sur nunca podrían armonizarse. Podría decirse que sí, que, efectivamente, las distancias son tan grandes que, como un imán, el acercamiento entre sus polos entendidos como iguales provocaría su alejamiento mutuo. Es razonable pensar que no es momento de caer en tal pesimismo, sino de confiar y trabajar para que el entendimiento sea posible. Apostar por ese devenir, por esas relaciones holísticas y complementarias, por una *epistemología queer* que libere a los dualismos de sus respectivos encorsetamientos excluyentes.

¿Una cuestión lingüística?

El régimen lingüístico o régimen simbólico hace referencia a los códigos que utilizamos cotidianamente, que han sido socioculturalmente creados y que, por lo tanto, son objeto de influencia del desarrollo histórico. El lenguaje nombra y crea la realidad al mismo tiempo que la realidad nombra y crea el lenguaje. En una constante interrelación, lenguaje y realidad se construyen mutuamente limitando, a la vez que potenciando, su expansión creativa. No vamos a entrar en un análisis sociológico del lenguaje, sin embargo, si somos conscientes de que el régimen simbólico nos ha sido heredado, con todas aquellas taras que hemos criticado y tratamos de superar, ¿no deberíamos entenderlo también como uno de los elementos a tener en cuenta por la propuesta posthumanista?

En el apartado sobre "Ontologías de la disidencia y teoría queer" se presentaban brevemente algunas de las posiciones feministas con respecto al lenguaje y su relación con la ley paterna. Mientras algunas como Butler o Wittig, apostaban por el juego y el desplazamiento de sus propios elementos, otras como Irigaray creían que no era posible una emancipación dentro de él y, en el caso de Kristeva, abogaba por el uso de lo semiótico, de un lenguaje que trascienda la historicidad de los significantes[191]. Todas ellas son propuestas altamente complejas y, sobre todo, difíciles de realizar en la práctica, no obstante, vale la pena plantear sus potencialidades para con el proyecto posthumanista.

El régimen simbólico va inextricablemente unido a lo que en términos lacanianos se ha denominado como *realidad*. La realidad es propia de la dimensión consciente, racional y socio históricamente delimitada. En contraposición, encontramos *lo real* como aquello que circunvala y trasciende la realidad, como la *falta básica*[192] e inconsciente. Žižek denomina *lo real* como *lo imposible*, haciendo referencia a este como aquel espacio inalcanzable por nosotras mismas, pero que, bajo determinados intereses, puede condicionarse conduciendo nuestras acciones y deseos hacia una dirección concreta. Es para este filósofo por lo tanto primordial *arriesgar lo imposible* defendiendo una *politización lacaniana de la ética*, asumiendo la falta e integrando la dimensión inconsciente –podríamos llamar también irracional– en nuestra manera de enfrentar el mundo[193].

En sintonía con este contacto con lo real, Julia Kristeva propone lo poético como el espacio lingüístico desde el que poder acceder o acercarnos a nuestra dimensión más inconsciente. Lo poético es entendido aquí como práctica artística intrínsecamente política.

---

191 BUTLER, J. (2017). La política corporal de Julia Kristeva. En *El género en disputa*. Barcelona: Paidós Ibérica. pp. 154-174.

192 La falta básica o falta constitutiva en psicoanálisis se refiere a la falta o el vacío que nos constituye como personas. Desde la separación del útero materno, la persona es abocada a un vacío que trata de cubrir mediante el régimen simbólico y lo que se ha denominado como *fantasmas*. El deseo se revela así como el empuje del propio vacío por completarse, por rellenarse. Esto es sin embargo imposible por su propio carácter básico y constitutivo, por lo que el deseo se desplazará constantemente sin llegar a *realizarse*. Si se quiere profundizar ver LACAN, J. (2013). *Escritos 1*. Madrid: Biblioteca Nueva / Siglo XXI.

193 ŽIŽEK, S. (2006). *Arriesgar lo imposible. Conversaciones con Glyn Daly*. Madrid: Trotta.

El arte como forma de estar, sentir y comunicar el mundo deviene una herramienta fundamental para contactar con las dimensiones del ser más ocultas a la vista y a la mente. Siguiendo la línea de toda la crítica a la epistemología ilustrada, podríamos entender el arte como uno de los instrumentos básicos para poner en práctica nuestro lado más emocional e irracional.

Pese a que el arte no sea una cuestión que traten de forma explícita ninguna de las propuestas posthumanistas, las más alineadas con el plano emocional y la perspectiva monista son también las más poéticas en sus intereses y proposiciones. El cíborg de Haraway es profundamente poético en sus formas y en su devenir, al igual que lo queer o la subjetividad nómada armonizan con el proceder propio de lo artístico. Cuando hablo de *lenguaje discursivo* y *lenguaje poético* en la Figura 5, busco referirme precisamente a esta diferencia lacaniana. El *lenguaje discursivo* como el lenguaje conocido perteneciente a la realidad y a los códigos lingüísticos humanos; y el *lenguaje poético* como el lenguaje que va más allá del signo y contacta con dimensiones y sensaciones no codificables.

Al alinearse la propuesta de Kristeva con las interpretaciones clásicamente psicoanalíticas, el régimen simbólico se reconoce como lugar de represión y, por lo tanto, al sujeto como portador inevitable de esta ley represiva. Estas corrientes de pensamiento propias de la hipótesis represiva del poder han sido criticadas y superadas por la mayoría de autoras posestructuralistas, quienes entienden el poder desde su dimensión microfísica, generadora y constitutiva. Sin embargo, no deja de ser interesante la búsqueda de espacios lingüísticos más desterritorializados, de una escritura entrelíneas, de una comunicación que ponga al signo contra las cuerdas. Lo *semiótico* se opone aquí a lo *simbólico* siguiendo la lógica esquizofrénica de huida nómada hacia *afuera* de lo que nos es reconocible. Todavía supone una incógnita a debate la viabilidad y sostenimiento de una huida sin aterrizaje, sin bote salvavidas ni bombona de oxígeno. No obstante, continúa suponiendo una apuesta interesante "la multiplicación y la destrucción de la significación unívoca"[194].

---

194 BUTLER, J. (2017). La política corporal de Julia Kristeva. En *El género en disputa*. Barcelona: Paidós Ibérica. p. 158.

En unas pocas líneas se presentan algunos ejemplos de arte que podríamos calificar como posthumanista. Si atendemos a su forma, el arte como vía de comunicación rompedora con todo lo conocido es ya, de por sí, intrínsecamente posthumanista. No obstante, podemos encontrar casos concretos en aquellas corrientes contraculturales de los años 60 –lo que se ha conocido popularmente como neovanguardias– y algunas artistas contemporáneas. Dichas alternativas dialectales como las planteadas por el surrealismo, el dadaísmo, los antiproyectos o el situacionismo, evidencian la clara crisis del sujeto moderno y los intentos de una ruptura radical con él[195].

Si avanzamos cronológicamente y reparamos también en el contenido, los filmes del director japonés Hayao Miyazaki representan un cine profundamente ecofeminista y posthumanista en muchos sentidos. Artistas como la mexicana Naomí Rincón se han lanzado a explorar el campo del posthumanismo, la relación humana con la tecnología y el desastre ecológico[196], mientras Yayoi Kusama expresa conceptos multiplicadores de la realidad que sintonizan con el devenir y el monismo vitalista posthumanistas como la *obliteración* o la *conectividad radical*[197].

En el año 2020 se fundaba el Institute for Postnatural Studies, un instituto de investigación y arte con sede en Madrid que se dedica a la difusión, formación y gestión del conocimiento, arte y expresión de tipo posthumanista y/o postnatural. Muchas son las obras y los artistas que han pasado por este instituto y los centros vinculados a este. Ya sean ecologías sonoras que se aventuran en nuevas formas de comunicación posthumanas como instalaciones y performances interespecie, el auge del arte postnatural manifiesta la fragilidad de los límites y marcos que nos conciben como cuerpos autónomos al margen de nuestro entorno material.

195 MARTÍN, C. et al. (2013). *La colección. Museo Nacional de Arte Reina Sofía. Claves de lectura (Parte II)*. Madrid: Museo Reina Sofía / Ediciones de La Central.

196 DE GRADO, L. (2023, 18 de junio). La propuesta artística de Naomí Rincón ante el "colapso del planeta" llega a Madrid. *Agencia EFE*. https://efeminista.com/naomi-rincon-gallardo-arte-madrid/

197 PROENZA, A. (2023, 22 de agosto). Yayoi Kusama, enfrentar el miedo con el arte. *El Salto*. https://www.elsaltodiario.com/arte/artista-japonesa-yayoi-kusama-exposicion-guggenheim-bilbao

Los trabajos artísticos de Mary Maggic, Itziar Barrio, Faysal Altunbo-zar, Gabriel Alonso, Yuri Tuma o Freddie Mercado son claros ejem-plos de propuestas radicales que se adentran en nuevas posibilida-des de existencia en sintonía con el resto de especies y seres que habitan la tierra. Como ejemplo ilustrativo, con la performance *Freddie* (2023) en el Vleeshal Center for Contemporary Art (Middelburg, Países Bajos), este último artista propone la existencia de un ser inclasificable, de movimientos y sonidos irreconocibles; de un jugar con la performatividad del género; de conjugar colores, formas y pieles que nos desubican en una profunda confusión respecto a la especie, la raza y, en último término, la *humanidad* del propio artista[198].

Con esta breve exposición se pretende poner de manifiesto la urgente necesidad de aunar ambos lenguajes permitiéndonos la comunicación también a través de esos medios históricamente denostados. Pese a posicionar ambos lenguajes como contradictorios, tal y como se ha ido argumentando, no son realmente tal. Ninguno de los dos consigue estar exento del otro, de manera que de nuevo la dicotomía dialéctica se desestabiliza dando lugar a un par de realidades siempre interconectadas.

La cuestión dialéctica, racionalista y comunicativa constituyen de esta forma tres puntos de la epistemología posthumana que entran presuntamente en conflicto. Esta aparente contradicción no es en realidad así, pero sí debemos mostrar precaución a la hora de determinar nuestras premisas epistémicas. El racionalismo dialéctico no tiene por qué suponer una traba o un problema si, conscientemente, utilizamos las distinciones dialécticas para guiarnos en el campo de la teoría y, a su vez, asumimos la imposibilidad de esas mismas dicotomías en el plano material. De la misma manera, la razón forma parte de nuestro entendimiento y es también una herramienta sumamente útil. Puede resultar, sin embargo, perniciosa su sobrevaloración, menospreciando la emoción y nuestra dimensión más intuitiva-corporal. Por último, la combinación entre diferentes lenguajes que nos permita transmitir a través de diferentes códigos es también crucial para comenzar a construir una epistemología posthumana integradora y holística.

198 Performance de libre acceso en: https://vleeshal.nl/archive/solo-exhibition-freddie-mercado

DILEMA TÉCNICO

A estas alturas del análisis sería oportuno tener claro que naturaleza y tecnología no son elementos contradictorios o diametralmente opuestos. Partir de esta premisa supondría esencializar la naturaleza como indiscutiblemente *natural* y la tecnología como indiscutiblemente *cultural*. Tal y como hemos estado viendo a partir de la filosofía monista, naturaleza y cultura formarían parte de una misma realidad en transformación y cambio. Sin embargo, es innegable que existe una incompatibilidad real entre nuestra tecnología actual al servicio del capital y la preservación del medio natural.

Esta incompatibilidad se está manifestando notablemente a partir del agudizamiento de la crisis energética y de recursos. Una parte de la ciencia ya se refieren al *peak all* como la superación de los picos de consumo de la gran mayoría de recursos existentes[199]. Ya no son tan solo los combustibles fósiles los que escasean, sino también todo tipo de minerales y materias primas. Esta constatación constituye un preaviso para el sistema capitalista, pero también para el *ser humano* como especie. Aun si lográramos superar el sistema actual, una vez en el nuevo escenario deberíamos continuar decidiendo conscientemente y de manera cautelosa el cómo, el cuándo y el porqué de nuestra producción.

Teniendo esto en cuenta, ¿es posible un diálogo entre tecnología y naturaleza? ¿De qué manera? ¿Podemos concebir un futuro posthumanista en el que tecnología y naturaleza convivan en armonía? ¿Es precisamente el paso hacia una sociedad posthumana aquello que diluiría las diferencias entre ambos conceptos? ¿Cómo podrían entenderse de manera conjunta? A lo largo de este apartado trataremos de discutir y analizar teóricamente esta serie de preguntas aportando diferentes puntos de vista y teorías que puedan ayudar a clarificar las incógnitas.

---

199 A partir del *peak oil* para referirse a la caída en la extracción posible de petróleo se empieza a utilizar el *peak all* como una analogía para la entrada en crisis del resto de recursos. Ver SEMPERE, J. (2018) *Las cenizas de Prometeo. Transición energética y socialismo.* Barcelona: Pasado y Presente.

Para el análisis de esta cuestión van a presentarse y a utilizarse dos corrientes o proyectos posthumanistas que podrían representar, de manera meramente ideal, este choque entre naturaleza y tecnología: el aceleracionismo de carácter socialista y el decrecimiento. Con esta distinción no se pretende diferenciar ambos proyectos como si estos fueran esencialmente irreconciliables, sino tan solo poner de relieve algunas cuestiones que suscitan con respecto a la relación *tecnológico-natural*. Como ya he mencionado anteriormente, califico estas propuestas como posthumanistas por compartir ambas una crítica antihumanista y la apuesta por un horizonte postcapitalista.

Por un lado, podemos encontrar el aceleracionismo como la propuesta posthumanista que más relevancia otorga al papel de la tecnología. Tal y como se explica en el apartado sobre la epistemología dialéctica, la rama socialista y postcapitalista del aceleracionismo supone una propuesta política que ve en esta herramienta un claro potencial para la emancipación humana. El proyecto pasa fundamentalmente por la aceleración de los procesos y tendencias del capital apropiándose de sus medios de producción y construyendo, a partir de tal apropiación, un sistema libre y soberano[200]. Basando sus cimientos teóricos en la obra de Marx, Mark Fisher y Deleuze y Guattari, el aceleracionismo cree firmemente en el carácter social de la tecnología y, por lo tanto, en su posible liberación de las manos del entramado neoliberal.

Por otro lado, el decrecimiento aparece como el proyecto/ enfoque posthumanista de referencia en los movimientos ecologistas a nivel local y global. Partiendo de principios alineados con los cuidados, las formas de vida de los países del Sur, la reciprocidad natural y el *apoyo mutuo*[201], el decrecimiento propone una restitución de la vida social, el ocio creativo y desmercantilizado, la sobriedad y sencillez voluntarias y la defensa de la vida local. Así, mediante una reducción directa de la producción de industrias altamente contaminantes –como la automovilística, la extractiva, la aeroespacial o la publicitaria– la sociedad decrecentista repartiría el trabajo

---

200 AVANESSIAN, A; REIS, M. (2017). *Aceleracionismo*. Buenos Aires: Caja Negra.
201 De la conocida obra publicada en el año 1902 *El apoyo mutuo* de Piotr Kropotkin.

permitiendo de esta manera disfrutar de un mayor tiempo de ocio y dedicándonos a sectores respetuosos con el medio natural[202].

Carlos Taibo es quizás una de las referencias más relevantes en materia de decrecimiento del estado español. En su libro *Decrecimiento. Una propuesta razonada* (2021) expone los principios básicos de esta perspectiva y nos advierte de las estrategias que utiliza el capitalismo para pintarse de verde e, incluso, de las posibles derivas ecofascistas como respuesta de una élite ante un colapso global. Decrecer en términos económicos para crecer en términos de vida es, para este enfoque, el principio básico a seguir para lograr una transición ecosocial justa con todos los seres que habitamos el planeta.

A partir de las breves definiciones de estas dos propuestas, presentaremos, en primer lugar, aquellos elementos comunes y compartidos entre ambas, en segundo lugar, los puntos críticos en los que aparecen contradicciones visibles y, en tercer lugar, trataremos de abrir una reflexión que permita entender ambos enfoques como compatibles o, por lo menos, no como antagonistas radicales.

Decrecimiento y aceleracionismo comparten, a primera vista, su punto de partida y su punto de llegada. Ambos parten del antihumanismo (entendido como las críticas al ser humano moderno y a su fundamento ontológico sustancialmente opresor) y se orientan hacia una misma sociedad que supere el sistema socioeconómico capitalista. Algunos de los objetivos o puntos de llegada como la reducción de la jornada laboral, la recuperación del ocio desmercantilizado, el restablecimiento de la vida social colectiva, etc, se sitúan, igualmente, como fines comunes. La improductividad y los valores puramente estéticos son también reivindicados como ingredientes fundamentales de estas propuestas. De esta manera, queda claro que, decrecimiento y aceleracionismo aspiran a una sociedad postcapitalista, libre de opresiones y muy similar en algunos de sus aspectos. Sin embargo, pese a desear un punto de llegada semejante, los caminos o vías utilizadas son tan diferentes que podemos llegar a pensar que

---

202 TAIBO, C. (2021). Decrecimiento. Una propuesta razonada. Madrid: Alianza editorial.

nunca podrían operar de manera conjunta. Veamos a continuación esta serie de contradicciones o vías opuestas.

¿(Des)Aceleramos? ¿Desde dónde?

Quizás uno de los puntos clave en el que se distinguen radicalmente ambas propuestas es en la cuestión de la aceleración. Mientras el aceleracionismo defiende, precisamente, la aceleración de todos los procesos y tendencias capitalistas, el decrecimiento apuesta por el de-crecimiento, la des-materialización y, en definitiva, la des-aceleración de unos ritmos productivos ecocidas. ¿Podríamos hablar de una aceleración desacelerada? ¿Y de una desaceleración acelerada? A simple vista parece una tarea complicada.

Pese a que el ritmo no suele estudiarse como un elemento central de muchas propuestas políticas, sabemos que poner el foco sobre él es crucial para el mantenimiento de un sistema social sostenible a todos los niveles –ecológica, social, política y psicológicamente–. Desde algunas corrientes –como, por ejemplo, desde el ecofeminismo materialista– se han desarrollado *ecoanalíticas del tiempo* que estudian y descubren el tiempo social como tiempo de trabajo profundamente ligado al rendimiento económico. El tiempo es hoy tiempo del capital y, por lo tanto, su aceleración es clave para el aumento de los beneficios empresariales[203]. Esta supone una de las ideas principales que podemos encontrar en las obras de Deleuze y Guattari cuando afirman que la aceleración es el factor *caótico* que conduce a la esquizofrenia capitalista[204].

En este sentido, resulta necesario atender a los efectos inmediatos y a largo plazo que presenta la aceleración para la subjetividad social. El filósofo italiano Franco Bifo Berardi advierte, siguiendo a estos autores, que, para el aceleracionismo, la dimensión subjetiva puede suponer un obstáculo en la medida

---

203 PULEO, A. (ed.) (2015). "Ecofeminismos materialistas. Política de la vida y política del tiempo en Mary Mellor" en *Ecología y género en diálogo interdisciplinar*. Madrid: Plaza y Valdés.

204 AVANESSIAN, A; REIS, M. (2017). El aceleracionismo cuestionado desde el punto de vista del cuerpo. En *Aceleracionismo*. Buenos Aires: Caja Negra. p. 72.

en que "la aceleración destruye la subjetividad social, debido a que esta última se funda en el ritmo del cuerpo deseante, que no puede ser acelerado más allá del punto de espasmo"[205]. La aceleración en el plano subjetivo es entendida, según este autor, como inseparable de la gobernanza del capital y sus dispositivos automáticos.

Encontramos de este modo, o un descuido por parte del aceleracionismo de la dimensión más subjetiva e intersubjetiva, o, sencillamente, un disentimiento respecto a esta hipótesis del caos subjetivo. En contraposición, el decrecimiento sí atiende a esta dimensión y de, hecho, la sitúa como punto de partida fundamental. El ritmo desacelerado vinculado a los ciclos naturales de la tierra se presenta como básico para la construcción de sujetos libres y autónomos.

Por otro lado, las diferencias en el foco sobre la subjetividad son también visibles si analizamos el lugar de partida de ambas propuestas. Mientras el decrecimiento apuesta por una transformación sociopolítica *desde abajo, desde las subjetividades* y descentralizada, el aceleracionismo defiende una transformación *desde arriba*, más vertical, que actúa *sobre las subjetividades*. Esta divergencia en las formas es realmente crítica, ya que cada una de ellas implica organizaciones sociales y políticas discordantes.

Por lo tanto, aceleracionismo y decrecimiento presentan, hoy en día, propuestas muy diferentes en el plano de los ritmos productivos y de la identidad del sujeto revolucionario. Para tratar de buscar una salida común, deberemos detenernos y analizar sin prisa los posibles puntos compartidos. Revisar nuestra concepción de *tiempo* y las potencialidades de ritmos combinados –aceleraciones desaceleradas– frente a ritmos presentados como antagónicos, será también necesario en un contexto de diálogo posthumanista. Esto podría implicar plantear ritmos distintos – más lentos o más rápidos– para la vida social y productiva, tanto según el tipo de industria o de producto (tecnología biomédica vs tecnología militar) como según la viabilidad psicosocial, atendiendo a trastornos de ansiedad generalizada y desequilibrios del sistema nervioso fruto de la hiperestimulación. Solo desde el diálogo y la

205 *Ibidem*, p. 74.

escucha podremos comenzar a plantear horizontes compartidos en pos de una transición de pretensiones universalistas.

La máquina como medio y como relación: luces y sombras de la tecnología *en sí*

La mayor parte de la teoría aceleracionista plantea la posibilidad de que la tecnología se trate de un medio de producción potencialmente autónomo de las relaciones sociales en las que se realiza. Apoyándose en los análisis de Marx acerca de la tecnología, el *desarrollo maquínico* se entendería como *capital fijo* que, hasta cierto punto, puede independizarse de las relaciones trabajador-máquina[206]. De esta forma, este *plusvalor maquínico* se extrae de un proceso productivo en apariencia autónomo como parte de los medios de producción conformadores del capital fijo. Pese a que la tecnología es monopolizada por las relaciones capitalistas, su existencia como maquinaria no sería así "idéntica a su existencia como capital [y] no se desprende, en modo alguno, que la subsunción en la relación social del capital sea la más adecuada y mejor relación social de producción para el empleo de la maquinaria"[207].

En esta línea, el aceleracionismo se mueve en la misma terminología dialéctica propia del marxismo diferenciando la tecnología como medio y como relación de producción. La tecnología aparece entonces como un medio de producción inserto en determinadas relaciones culturales, sociales, económicas y/o políticas. Si la tecnología puede llegar a ser neutral u objetiva dentro del sistema productivo, ¿por qué no intentar liberarla de la presión del capital para utilizarla a favor de un proyecto postcapitalista?

El historiador y activista ecologista Murray Bookchin es otro de tantos pensadores que entiende la tecnología como

---

206 *Idem.*

207 Karl Marx en TERRANOVA, T. (2018, septiembre-octubre). Marx en tiempos de algoritmos. *Nueva Sociedad, 277.* https://nuso.org/articulo/marx-en-tiempos-de-algoritmos/#footnote-14

esencialmente autónoma y que, en consecuencia, sostiene que la producción de subjetividades no proviene de la tecnología *en sí*, sino de las relaciones de producción que le subyacen[208]. Esta idea nos suscita una serie de cuestiones especialmente relevantes en el contexto actual tardocapitalista. Por un lado, vale la pena diferenciar –aunque sea de forma abstracta– entre *tecnología* y *nuevas tecnologías*. Comúnmente ambos conceptos se entienden como sinónimos, sin embargo, el concepto de *nuevas tecnologías* actualmente hace referencia en el imaginario popular a una serie de fenómenos de origen reciente: los algoritmos, las redes sociales, internet, la inteligencia artificial (IA) y, en general, las tecnologías de la información y la comunicación, etc.

Pese a que la tecnología en su sentido más amplio se entiende también como el descubrimiento del fuego, la invención de la rueda o saberes tradicionales de carácter más rural, en el caso de la cuestión posthumanista se analiza, generalmente, el potencial emancipador de la tecnología en cuanto *nueva tecnología*. Específicamente como aquella cuyo desarrollo se ve impulsado a finales del siglo pasado en relación con el fenómeno globalizador neoliberal.

Por otro lado, afirmar la autonomía de la tecnología supone aceptar que existe una tecnología *en sí*, pura e ideal. Si cuestionamos de nuevo los esquemas dicotómicos –relaciones de producción/medios de producción e infraestructura/superestructura– si entendemos esta dialéctica como inseparable en su dimensión material, ¿podríamos seguir sosteniendo que las nuevas tecnologías pueden emanciparse de su marco contextual? ¿Acaso podemos autonomizar tecnologías nacidas en el interior del propio capitalismo? ¿Es también posible que su misma estructura contenga principios neoliberales? Asumir esta posibilidad desplazaría el debate hacia el potencial liberador/opresor de la tecnología *en sí* y no de la tecnología como producto de relaciones sociales contingentes.

Es fundamental que nos interroguemos acerca de esta serie de preguntas si buscamos relacionarnos con la tecnología como una aliada y no como enemiga. Las posturas tecnófobas a estas

208 BOOKCHIN, M. (2019). *Anarquismo social o anarquismo personal*. Barcelona: Virus.

alturas no colaboran con el avance de la trayectoria posthumana, entre otras cosas porque las relaciones sociales tecnomediadas ya son una realidad tangible. Si no somos nosotras quienes las controlemos de forma consciente, lo hará –como ya lo hace– ese *otro* al servicio de intereses elitistas. La tecnología como aliada e incluso como parte de nosotras mismas es una de las bases primordiales de la subjetividad *cíborg* y del *devenir máquina*. Por consiguiente, el posthumanismo podría plantearse abrazar esa interrelación ser humano-máquina siempre y cuando seamos conscientes de sus limitaciones.

En relación con el potencial liberador/opresor de la tecnología *en sí*, vale la pena añadir las aportaciones de Simone Weil como punto de vista contraargumentativo a la –tan presuntamente evidente– liberación humana en conexión con *lo maquínico*. Una de las claves de su análisis en *Reflexiones sobre las causas de la libertad y de la opresión social* (2015) es su observación sobre el aumento de los niveles de producción en íntima relación con la agudización de la opresión social. De esta manera, el desarrollo técnico conllevaría un aumento de la producción, la cual requeriría de una mayor centralización del poder y, finalmente, de un aumento de la brecha de desigualdad.

En este sentido, Weil se sitúa fuertemente en contra de la división del trabajo y de la alienación de los trabajadores/as como piezas de una máquina. El *trabajo lúcido* que ponga en relación materialidad (*cuello azul*) y abstracción (*cuello blanco*)[209] aparece así como elemento clave para liberar a los distintos grupos sociales de la opresión sistémica[210]. Por lo que respecta a la relación directa con la materialidad, Weil sostendrá que el desarrollo maquínico aleja a la persona de la tierra y, por lo tanto, el trabajo se abstrae siendo la máquina quien media entre ambos elementos. La abstracción del trabajo terminaría por ceder, más fácilmente, ante monopolios del *saber*, de la *violencia* o de la *moneda*.

---

209 La distinción *cuellos azules y cuellos blancos* hace referencia a la división del trabajo dentro de una empresa, sector o región entre aquella clase trabajadora manual y aquella de carácter más administrativo o técnico. El color de los cuellos hace alusión a los respectivos uniformes de trabajo; el mono azul de obra en oposición a la camisa blanca de oficina.

210 WEIL, S. (2015). *Reflexiones sobre las causas de la libertad y de la opresión social*. Madrid: Trotta.

A propósito de esta conexión con el trabajo lúcido, el decrecimiento se alinea en mayor medida con las ideas de Weil prefiriendo apostar por las comunidades locales, horizontales y descentralizadas. El contacto directo con la tierra se muestra esencial en la construcción de una sociedad ecológica postcapitalista. Encontramos por lo tanto un nuevo punto de tensión entre la tecnología *en sí* como herramienta de liberación y la tecnología *en sí* como instrumento opresor. Siguiendo los principios que se vienen exponiendo, consideraría poco inteligente situarnos de forma cerrada en alguno de los dos extremos. En el último capítulo trataremos de esclarecer esa salida común entre tecnología *en sí* y el sostenimiento de la vida ecosocial.

Crecimiento técnico: ¿una travesía estanca?

La última y más evidente de las cuestiones que rodean el dilema aceleracionismo-decrecimiento son los límites de tipo medioambiental/biofísico y ético. Las propuestas aceleracionista y xenofeminista son ciertamente interesantes en su apostar por la instrumentalización de una herramienta tan potente y poderosa como lo es la tecnología. En materia de abolicionismo de género, democratización de los avances tecnológicos o liberación del trabajo alienante, la *máquina* nos ofrece una vía rápida hacia muchos de los lugares propios de una sociedad posthumanista. Sin embargo, la crisis energética y de recursos debería invitarnos a reflexionar sobre cuáles son los límites medioambientales y éticos que se nos plantean de cara al futuro y si estos pueden llegar a impedir tal desarrollo tecnológico soñado.

Sabemos que, desde hace décadas, nuestros aparatos tecnológicos son producidos a partir de minerales provenientes de países expoliados del Sur global. El coltán, mineral básico para la manufacturación de teléfonos móviles, se presenta como recurso muy escaso y concentrado en determinadas partes del África ecuatorial. Concretamente, su extracción se circunscribe, en su mayor parte, a la República Democrática del Congo. Las condiciones de explotación del sector junto con las implicaciones a nivel político, bélico y de desigualdad sistémica de la industria minera han dado lugar a lo que se conoce como *minerales de sangre*.

La película *Diamante de sangre* (2007) consigue ilustrar, a través de la ficción, cómo se financia la guerra mediante el comercio de diamantes. Que un mineral sea considerado como *mineral de sangre* significa, tal y como se puede intuir, que la extracción de dicho mineral está manchada de sangre –en la mayor parte de los casos debido a esta financiación de la violencia–. Al igual que los minerales, los diamantes también entran a formar parte del proceso productivo de la tecnología junto a metales como el hierro, el cobre, el aluminio, el níquel o la plata[211].

Si hablamos de otro mineral clave para las energías renovables como el litio, este se extrae de países como Argentina, Bolivia y Chile, conocidos como el triángulo del litio[212]. La extracción de litio, al igual que la industria minera en general, consume grandes cantidades de energía a la vez que presenta fuertes repercusiones a nivel ecológico. En un estudio de la Fundación Humedales del año 2021, se advertía de que, entre los efectos de la industria del litio podemos encontrar la "salinización de suelos y humedales, contaminación de suelos con residuos peligrosos, modificación del flujo natural superficial del agua, alteración del balance hídrico y afectación de la flora autóctona"[213].

Si a la contaminación del medio por parte de la industria minera le sumamos ese *peak all* que evidencia la crisis de recursos, parece bastante complejo lograr de forma sostenible una transición energética. Si la electrificación o limpieza verde de la energía precisa de materiales escasos y de energías todavía contaminantes, el sueño aceleracionista podría llegar a verse arrinconado en un espacio sin salida. Aun teniendo en cuenta que

211 STONE, M. (2022, 17 de mayo). ¿Pueden los avances tecnológicos conseguir una minería más limpia? *National Geographic*. https://www.nationalgeographic.es/medio-ambiente/2022/05/pueden-los-avances-tecnologicos-conseguir-una-mineria-mas-limpia

212 SALAZAR-XIRINACHS, J. M. (2023, 8 de julio). Extracción e industrialización del litio en América Latina y el Caribe: oportunidades y desafíos. *El País*. https://elpais.com/chile/2023-07-08/extraccion-e-industrializacion-del-litio-en-america-latina-y-el-caribe-oportunidades-y-desafios.html

213 BALLARINO, F. (2023, 1 de junio). Cuál es el impacto ambiental y social de la explotación del litio en la Argentina. *Chequeado*. https://chequeado.com/el-explicador/cual-es-el-impacto-ambiental-y-social-de-la-explotacion-del-litio-en-la-argentina/

3. RECORRIENDO LAS ENCRUCIJADAS

la propuesta aceleracionista se fundamenta sobre la socialización de la tecnología, el horizonte productivo de esa misma tecnología es tan delicado que, resulta difícil imaginar una democratización tecnológica al alcance de todo *sujeto universal*.

En definitiva, apostar por el crecimiento técnico debe pasar necesariamente por un análisis de sus límites medioambientales y de sus implicaciones éticas. Esto comporta estudiar los límites de la producción, el consumo, el transporte e incluso los de las propias ciudades. Lo que parece insostenible es continuar reproduciendo tendencias productivas basadas en la destrucción del medio y en la explotación colonial de países del Sur. Una industria tecnológica alternativa podría considerarse, siempre y cuando no perdamos de vista los riesgos que esta implica y nos mantengamos alerta ante derivas propias del *greenwashing*[214] o ecofascistas.

Como hemos visto en este apartado sobre el dilema técnico, dos de los proyectos posthumanistas más populares –como el aceleracionismo y el decrecimiento– poseen en su seno diferencias subjetivas, epistemológicas y técnicas que pueden llegar a contraponerse. La cuestión de la aceleración, la identidad del sujeto revolucionario, el potencial emancipador de la tecnología *en sí* y los límites medioambientales y éticos, constituyen, en su conjunto, una serie de encrucijadas difíciles de resolver. Así pues, forma parte de la responsabilidad de la propuesta posthumanista interrogarse acerca de estas cuestiones y dialogar a fin de dibujar esa salida común.

---

214 El *greenwashing* forma parte de una estrategia de marketing con la que se pretende crear una imagen falsa de responsabilidad ecológica. Las grandes marcas hacen uso habitual de esta estrategia para encubrir procesos productivos que continúan siendo insostenibles.

4

HACIA UNA ORIENTACIÓN COMÚN

Ante estas encrucijadas o dialécticas aparentemente contradictorias, uno de los objetivos de este planteamiento es tratar de
entenderlas como elementos complementarios o, por lo menos,
permitir el diálogo entre ellas. Tal y como afirma Ernst Bloch,
criticar no es solo decir "no", sino afirmar un "sí a algo diferente"[215].
La crítica se entiende así necesariamente como la afirmación de
algo que se contrapone o supera lo criticado. Poniendo en práctica
los principios monistas y afirmativos de esta investigación, y
con la finalidad de hacer frente a los riesgos tardocapitalistas,
presentaremos brevemente las posibles orientaciones comunes
para avanzar frente a los dilemas ontológico, epistemológico y
técnico.

ORIENTACIÓN ONTOLÓGICA: ENFRENTANDO LA INCERTIDUMBRE DESDE LO CÍBORG

En su dimensión subjetiva, el tardocapitalismo ha dejado
claro que es propietario de nuestros deseos, que el mercado ha
impregnado todos nuestros poros y que la propia identidad se ha
convertido en un producto más, expuesto en los largos estantes
de este gran supermercado al que llamamos sociedad. Siguiendo
a Fisher y a las facciones más aceleracionistas aún podríamos
decir más; aún podríamos decir que *ya somos* el tardocapitalismo,
que ya lo habitamos por encima y por debajo de la piel. Y que, en
consecuencia, sus deseos más profundos son ya hoy indistinguibles

---

215 HERRERA FLORES, J. (2008). *La reinvención de los derechos humanos*. Sevilla: Atrapasueños. p. 56.

de los propios[216]. Esto nos ilumina, al mismo tiempo que dificulta la superación de un sistema que nos conforma desde la médula.

Así mismo, aun teniendo en cuenta su relevante papel histórico en muchas de las luchas sociales, la identidad entendida actualmente como fin y no como medio está, irónicamente, dificultando la integración real en sentido monista vitalista. El choque entre identidad y post-identidad/des-identidad es, en fin, dentro del posthumanismo una de sus cuestiones más controvertidas.

La apuesta por el *extrañamiento* y la *desfamiliarización* voluntarias emerge como un planteamiento que permite escapar de esta encrucijada paralizante. Construir los vínculos comunitarios a partir de afinidades políticas y no partir de la defensa de una identidad construida desde esa *dialéctica negativa*[217], se expone como una forma de afinidad no fundamentada sobre el fantasma acorazado de la propia identidad. El término *Chthuluceno* que propone Haraway hace referencia a un sistema vinculado a partir de nuevos parentescos no fundamentados sobre la identidad hermética o la genética, sino a partir de conexiones libres no prescritas. Este sistema es *simpoiético*[218] y requiere de un *devenir-con* el resto de especies[219].

En relación con la vinculación con el resto de especies, la cuestión postantropocéntrica es el segundo de los retos al que nos enfrentamos y para el que precisaremos de nuevas formas de *ser* posthumanistas. El cíborg constituiría, con un solo concepto, una ontología que nos permite avanzar en la encrucijada des-identitaria y postantropocéntrica. En palabras de Haraway "un mundo cíborg podría tratar de realidades sociales y coporales vividas en las que las personas no tienen miedo de su parentesco con animales y máquinas, ni de identidades permanentemente parciales ni de puntos de vista contradictorios"[220]. Debemos entender el cíborg

216 FISHER, M. (2023). *Deseo postcapitalista*. Buenos Aires: Caja Negra.

217 Ver p. 10, nota al pie 20.

218 A diferencia de la autopoiesis referida a la propia capacidad para autoorganizarse, la simpoiesis caracterizaría un sistema que requiere del "hacer-con / organizarse-con".

219 HARAWAY, D. (2019). *Seguir con el problema. Generar parentesco en el Chthuluceno*. Bilbao: Consonni.

220 HARAWAY, D. (2020). *Manifiesto Cíborg*. Madrid: Kaótica Libros. p. 30.

como una revolución subjetiva que nos ofrece herramientas y nos orienta sobre cómo actuar. Sin entender de razas, géneros o especies, esta subjetividad se fundamenta así en la inmanencia radical y en el devenir, de manera que es capaz de encontrar ese "placer dentro de la confusión de las fronteras"[221].

La teoría queer de Butler entronca de forma clara con esta ontología cíborg. Podríamos decir que el cíborg integra a lo queer, pero que, sin embargo, va más allá, integrando cuestiones raciales y especistas. En este sentido, la propuesta de Haraway es una de las propuestas a nivel ontológico más completas que podemos encontrar en materia de posthumanismo. Un ecofeminismo materialista queer también armonizaría con esta ontología, lo cual ya ha sido planteado por la Facultad Latinoamericana de Ciencias Sociales (FLACSO) en el artículo de 2019 llamado *Ecologismos Queer, naturaleza y alianzas subversivas*[222].

Si prestamos atención a muchas de las tradiciones y saberes de comunidades indígenas, descubrimos una serie de conceptos que nos son realmente útiles para estas cuestiones. El término *ke' tnik* es utilizado por el zapatismo mexicano para aludir a un sujeto sin género gramatical, mientras que los conceptos de *ch' ixi* y *chacha-warmi* hacen referencia a una realidad gris e interconectada. No parece casual que, comunidades que no han basado su desarrollo en una brecha radical entre el ser humano y el medio y que no han sido colonizadas por el racionalismo dialéctico hagan uso de terminología propiamente monista y más fluida.

La defensa de la *monstruosidad* está siendo, en esta línea, objeto de interés del feminismo posthumanista, queer y cíborg. Desde el *Frankenstein* de Mary Shelley del siglo XIX hasta la transexual, la lesbiana, la negra, la loca y todas aquellas corporalidades y existencias que hoy ponen en cuestión la normatividad blanca, cis, delgada y productiva. El cíborg es monstruoso al igual que improductivo. Es aberrante, está fuera de tiempo y de lugar, es todo aquello que ha sido escondido, silenciado y maniatado. La

---

221 *Ibidem*, p. 16.

222 VEGA, C. et al. (2019, 12 de diciembre). Ecologismos Queer, naturaleza y alianzas subversivas. *Naturaleza con Derechos*. https://www.naturalezaconderechos.org/2019/12/12/ecologis-mos-queer-naturaleza-y-alianzas-subversivas/

revolución del cíborg es una revolución del ser y de su praxis, de un salir de la constricción para construir en cielo abierto.

En línea con el pensamiento de Herrera Flores, el cíborg podría conformar una nueva subjetividad que nos conecte con nuestra *ontología de la potencia*, que abra espacios de devenir sin miedo, que no tema enfrentar la incertidumbre y que, en consecuencia, los riesgos derivados de identidades acorazadas o de posibles neofascismos se vean diluidos en un *ser navegacional*. Esta nueva existencia precisa de la conexión con la propia corporalidad y con la corporalidad del *otro*, pero, sobre todo, demanda sujetos que no tengan miedo a dejar de ser sujetado. La valentía de enfrentar la incertidumbre será clave para esta ontología cíborg como salida común a los retos posthumanistas, al mismo tiempo que trataremos de no caer en la fantasía de una subjetividad pre corrompida, pura y ajena a los mecanismos que ya hoy conforman nuestro *realismo capitalista* particular.

ORIENTACIÓN EPISTEMOLÓGICA: POR UN SABER SENTIPENSANTE

¿Está nuestra forma de conocer la realidad limitada? ¿Seríamos capaces de percibir(nos) de otra(s) manera(s) si apagáramos un rato la mente y encendiéramos el cuerpo? ¿Es la racionalidad la premisa del *saber*? En los apartados respectivos a esta temática hemos ido exponiendo cómo la epistemología hegemónica, nuestro sentido común, es el producto de siglos de supremacía ilustrada. Desde la distinción griega entre sujeto y objeto de conocimiento, el *científico*[223] se ha concebido como independiente y neutral dentro de los procedimientos del entendimiento. La racionalidad y el pensamiento dialéctico se imponen como requisitos fundamentales para conocer la *verdad* mientras la emoción y la corporalidad se entienden como propias de lo salvaje e inculto.

---

223 Teniendo en cuenta el orden patriarcal y atendiendo a las opresiones históricas, considero relevante utilizar científico en masculino por haber poseído, sistemáticamente, la legitimidad de ser sujetos de conocimiento.

En el último siglo, muchas de estas premisas indiscutibles han comenzado a tambalearse. La objetividad se desvela como ficción, como elemento místico e igualmente irracional. La dialéctica se ve superada por realidades que la desbordan y la obligan a interconectar de manera plural e infinita. La racionalidad aislada se comprende, en fin, insuficiente para interpretar en profundidad procesos sociales y el lenguaje discursivo se ahoga en determinadas situaciones y saberes incodificables. En un contexto como este, la revolución epistemológica del *sentipensar*[224] resulta clave, conformando una herramienta sumamente útil y holística.

De la mano de corrientes feministas, ecofeministas y de defensa de comunidades indígenas, el empoderamiento de los espacios subalternos ha venido acompañado de una reivindicación por la emoción, la intuición y la corporalidad. De esta forma, el posthumanismo ecofeminista se posiciona en contra de una masculinidad hegemónica que se comprende independiente de su propio cuerpo. En consecuencia, se orienta hacia un debilitamiento de aquellos cuerpos a los que trata de dominar[225] —sean cuerpos femeninos, racializados, no humanos o que, sencillamente, se salen de la norma—.

Aunar emoción y razón supone una salida efectiva a la parálisis epistemológica fruto de la autoconsciencia y de la caída de los mitos ilustrados. El *sentipensar* —como nueva forma de conocernos a nosotras mismas y el mundo que nos rodea— ha nacido como una propuesta pedagógica en ambientes educativos, sin embargo, el alcance de esta transformación es expansivo, pudiendo llegar a revolucionar, desde las más nimias tomas de decisiones individuales hasta los fundamentos científicos mismos.

Al mismo tiempo, abrazar la emoción y la corporalidad como herramientas epistemológicas, implica abrir las puertas a nuevas vías de comunicación y de existencia alineadas con el proceder artístico. Así pues, defender el arte como una forma de conocimiento legítima e igualmente válida conformaría otro de los puntos clave

---

224 Ver p. 73, nota al pie 156.

225 PULEO, A. (2005). El hilo de Ariadna: ecofeminismo, animales y crítica al androcentrismo. En VELAYOS, C; BARRIOS, O; FIGUERUELO, A; LÓPEZ, T. (eds.) *Feminismo ecológico. Estudios multidisciplinares de género*. Salamanca: Universidad de Salamanca. pp. 71-86.

de esta transición. Por último, la epistemología posthumana podría ejercerse en consonancia con ese devenir navegacional, de forma que evite la cristalización o la clausura de ciertos principios como indiscutibles e inamovibles. En pocas palabras, el devenir trataría así de prevenir el dogmatismo.

Una epistemología *sentipensante navegacional* como esta podría representar una salida común al conflicto entre razón y emoción que, en ciertas ocasiones, está abriendo una brecha clara entre proyectos posthumanistas[226]. Esta apertura epistemológica junto con la ontología cíborg podría ayudarnos, conjuntamente, a enfrentar el neoautoritarismo ilustrado y la parálisis epistemológica como potenciales riesgos de la crisis tardocapitalista.

ORIENTACIÓN TÉCNICA: UN AVANCE CONSCIENTE

Quizás esta se trate de una de las encrucijadas más complejas. Como hemos visto en el apartado sobre los límites medioambientales, biofísicos y éticos, el desarrollo de la tecnología se está viendo retado por la crisis ecológica. Los beneficios aportados por las innovaciones técnicas son, en la mayoría de los casos, indudablemente provechosos. Al igual que lo es su potencial instrumentalización en pos de un proyecto socialista postcapitalista. La democratización interseccional de estos avances y la distribución horizontal del conocimiento técnico a través de *protocolos* permitiría a grandes estratos sociales controlar la tecnología a favor de la mayoría[227].

Esta propuesta xenofeminista y aceleracionista es sumamente interesante y potente, ahora bien, hasta qué punto podremos seguir desarrollando nuestra tecnología de forma sostenible es la gran incógnita. Teniendo en cuenta la escasez de recursos y los

---

226 Mientras Braidotti y Haraway contemplan la inclusión de la emoción, el aceleracionismo y el decrecimiento continúan situándose, generalmente, en la dimensión más racional.

227 HESTER, H. (2018). *Xenofeminismo: tecnologías de género y políticas de reproducción.* Buenos Aires: Caja Negra.

puntos de no retorno ya sobrepasados, lo mínimo que podemos plantearnos desde el posthumanismo es llevar a cabo un *avance consciente*. El término *avance* se ha desprendido, en este caso, de su lectura neoliberal. Es decir, que forma parte también de la labor posthumanista reivindicar el *avance* y el *desarrollo* como procesos no necesariamente neoliberales, con todas las consecuencias que este término implica. En este sentido, podemos también entender el decrecimiento o la adopción de formas de vida de épocas anteriores como avances.

Un avance posthumanista –de carácter postcapitalista, postantropocéntrico, decolonial y feminista– establecería sus prioridades en base a sus principios ético-políticos. De esta manera, la democratización del saber técnico y de la propia tecnología debería ser previo a su desarrollo. Con respecto a esta preocupación ético-política, el proceso de distribución y difusión horizontal e interseccional de la tecnología requeriría de planteamientos postantropocéntricos que tengan en cuenta el resto de especies.

Apostar por un *avance consciente* no nos exime, al mismo tiempo, de cuestionar la viabilidad del propio proyecto en un contexto capitalista tan sumamente desigual y jerarquizado como el que habitamos. Es importante que quede clara la intención interventora de este avance más allá del voluntarismo o las recetas teóricas. La realidad actual es innegablemente compleja y multivariable, lo que la convierte en un campo de batalla constante en el que múltiples dimensiones y actores inciden. La distribución de la tecnología en el marco de relaciones de competencia monopolística capitalista es profundamente vertical y desigual. Encontramos de este modo minorías corporativas como las empresas poseedoras de las patentes biotecnológicas o el oligopolio digital conformado por el *Big Tech*[228], que acaparan el campo tecnológico, determinando su propiedad y condiciones de existencia.

Teniendo esto en cuenta, y siguiendo las propuestas acele-racionistas y xenofeministas, una democratización tecnológica deberá recurrir al intercambio de conocimiento desde relaciones

---

228 El oligopolio digital conocido como *Big Tech* está compuesto por las corporaciones Apple, Microsoft, Amazon, Alphabet (Google) y Meta (Facebook).

peer-to-peer[229]. Aprovechar el sistema red actual para subvertirlo desde dentro. La comunicación y el poder de movilización global con el que contamos en esta era es abrumador, no resignificarlo en términos postcapitalistas podría suponer echar a perder la ventana de oportunidad contextual. Partiendo de la socialización de habilidades, de las redes sociales y de la continuidad topológica entre cuerpos y dispositivos, una base tecnologizada de sujetos podría tratar de construir una *ecología de nuevas instituciones*[230].

Organizar la prescripción de estas nuevas instituciones se tornaría fundamental para no caer en organizaciones excesivamente verticales o estatalizadas. Es por lo tanto clave asumir el carácter constructivo-revisionario[231] del proyecto, pero, también, atender a las posibles derivas que contradigan sus principios ético-políticos. En este sentido, algunas perspectivas aceleracionistas defensoras de la verticalidad y de la vía violenta, podrían trastocar y frustrar los objetivos democráticos. Es quizás esta una de las grandes preguntas que plantea el debate *revolución rápida desde arriba - evolución lenta desde abajo*: ¿Puede la democracia alcanzarse por medios antidemocráticos? ¿Y a través de un líder? ¿Es la democracia compatible con la delegación representativa del poder?

Todas estas cuestiones –de nuevo muy complejas y polémicas– deben ponerse sobre la mesa si apostamos por una democratización tecnológica. Esto supone que, para distribuir la tecnología de forma horizontal en el sistema vertical actual, las iniciales relaciones *peer-to-peer* deberían mantener su carácter igualitario también en su institucionalización. Igualmente, no podemos negar, que, teniendo en cuenta el control técnico ejercido sobre nuestros cuerpos y deseos, una democratización total del sistema tecnológico es complicada y casi impensable a corto plazo. Lo que tampoco significa que debamos dejar de soñarla, reflexionarla y prescribirla.

229 La red *peer-to-peer* hace referencia a un conjunto de nodos que se comportan iguales entre sí y de forma horizontal. Ver HESTER, H. (2018). Actividad de (re)funcionalización. En *Xenofeminismo: tecnologías de género y políticas de reproducción*. Buenos Aires: Caja Negra. pp. 94-103.

230 AVANESSIAN, A; REIS. (2017). Reflexiones sobre el manifiesto por una política aceleracionista. En *Aceleracionismo*. Buenos Aires: Caja Negra. pp. 77-90.

231 AVANESSIAN, A; REIS, M. (2017). La labor de lo inhumano. En *Aceleracionismo*. Buenos Aires: Caja Negra. pp. 221-265.

Una de las fabulaciones y propuestas feministas poscapitalistas que integra el potencial emancipador de la tecnología es la presentada por Gibson-Graham en *Hacia una economía postcapitalista o cómo retomar el control de lo cotidiano* (2022). La crítica al hermetismo identitario aparece en esta ocasión acompañada de valores feministas como el asombro y el deleite como elementos para la construcción de economías comunitarias de base local[232]. De igual forma, *Woman on the Edge of Time* (1976) es también una obra de ficción utópica en la que la tecnología no se concibe como opuesta a la libertad y a la horizontalidad, sino como aliada de una sociedad futura en la que se alcanza un mayor grado de *progreso*. La comunidad dibujada por Marge Piercy se compone de pequeñas comunidades asamblearias conformadas por personas de género no binario y comprometidas con valores ecologistas. De esta manera, el lenguaje desgenerizado se entiende como parte del sentido común. De igual forma, la reproducción se da a través de métodos artificiales, creándose el término "madrar" para representar la acción de maternar sin gestar[233].

Es vital para cualquier proyecto político que trate de salir de la paralización, identificar esos puntos nostálgicos y, en cierta medida conservadores, que rechazan de partida la tecnología como si encarnara inevitablemente una maldad categórica. Pese a aparecer en muchas ocasiones como ficciones e historias heroicas, filmes como *Captain Fantastic* (2016), *Into the Wild* (2007) y un gran número de distopías populares como *Blade Runner, Gattaca* (1997) o *Black Mirror* (2011), tienden a presentar tecnología/artificialidad y naturaleza como pares opuestos e irreconciliables, dejándonos como alternativas deseables caminos anteriormente recorridos que, en un contexto tardocapitalista y digitalizado de hoy, presentan una viabilidad difícil de imaginar.

Una vez estudiados los impactos del desarrollo técnico sobre la subjetividad, el planeta, el resto de especies y aquellas poblaciones

232 GIBSON-GRAHAM, J.K. (2022). *Hacia una economía postcapitalista o como retomar el control co-tidiano*. Barcelona: Icaria.

233 TORRES, J & MÉNDEZ, S (2025). La ectogénesis en disputa. ¿una tecnología con potenciali-dades para la abolición del binarismo de género basado en el biosexismo (re)productivo? En *Resúmenes del I Congreso Internacional Corporalidades Sociales, Subjetividades y Disidencias*. Madrid: Dykinson (en prensa).

y países más desfavorecidos, podríamos comenzar a plantear una *aceleración* de la tecnología de horizonte emancipador. Estas bases éticas y democráticas prevendrían los riesgos tardocapitalistas propios de la dimensión técnica: ecofascismo y algoritarismo. Teniendo en cuenta los retos a los que nos enfrentamos, la salida técnica común para un proyecto posthumanista como este se dibuja necesariamente como un *avance consciente* en sintonía con sus principios ético-políticos.

A continuación, se presenta una octava figura que presenta, a modo de síntesis, los aspectos tratados a lo largo de este análisis. Esta tabla trata de esbozar una clasificación, meramente teórica e ideal, que ayude a situar de forma más clara lo analizado. Las columnas de la tabla se refieren, en primer lugar, a los elementos propios de la crisis tardocapitalista estudiados en el apartado "Tardocapitalismo y sus desafíos sísmicos"; en segundo lugar, a los potenciales riesgos que se extraen de esta etapa; en tercer lugar, a las diferentes encrucijadas posthumanistas expuestas en la Figura 5 y, en último lugar, a la salida común que propone esta investigación teórica.

Tal y como se ha repetido en múltiples ocasiones, estas clasificaciones son puramente ideales, sin embargo, resultan útiles para clarificar la esquematización y el hilo conductor de la argumentación. Las propuestas de la última columna no pretenden ser categóricas, cerradas ni definitivas. Sencillamente buscan abrir interrogantes y plantear propuestas siempre abiertas al debate y al cuestionamiento.

	Crisis tardocapitalista	Potenciales riesgos	Encrucijadas posthumanas	Salida común
ONTOLOGÍA	Masa aislada Incerteza ontológica Identidades como proyectos Yo-espectáculo Deseo enajenado	Neofascismos Identidades excluyentes Violencia neuronal	Identidad / Post-identidad Antropocentrismo / Postantropocentrismo	CÍBORG
EPISTEMOLOGÍA	La objetividad a debate Sujetos sujetados Crisis del racionalismo dialéctico	Neoautoritarismo ilustrado Parálisis epistemológica	Dialéctica / Monismo Razón / Emoción Lenguaje discursivo / Lenguaje poético	SENTIPENSAR NAVEGACIONAL
TÉCNICA	Colonización mercantil del poder Subempleo Control hipertecnológico Crisis ecosocial	Ecofascismo Algoritarismo	Aceleracionismo / Decrecimiento Tecnología / Naturaleza	AVANCE CONSCIENTE

(IN)CONCLUSIONES

Las conclusiones en esta investigación son presentadas al mismo tiempo como *inconclusiones* en relación directa con una reflexión abierta y sujeta a constante revisión. Al no tratarse, en este caso, de una investigación empírica concreta, los resultados de un estudio, que revisa diversos enfoques y perspectivas, aparecen necesariamente como parte de ese mismo diálogo interno. Esto quiere decir que un diálogo metateórico como este no puede, ni pretende, presentar definiciones y resultados claros, cerrados y concluyentes. Tal y como se indica en la introducción, el objetivo principal es el de abrir interrogantes e invitar a la reflexión conjunta, no el de determinar de manera categórica aquellas ideas o caminos correctos.

Los planteamientos desarrollados en estas páginas nacen de la curiosidad por comprender y estudiar dimensiones y perspectivas del posthumanismo que, aparentemente, entran en contradicción. Con el objetivo de presentar estos puntos de choque, partíamos de una introducción acerca de las crisis que caracterizan el tardocapitalismo. El tardocapitalismo como etapa avanzada del capitalismo y caracterizada por el proceso de globalización y el desarrollo de las nuevas tecnologías, presentaba así una serie de crisis en su dimensión más ontológica, epistemológica y técnica.

La crisis de la subjetividad y su colonización neoliberal expone la formación rigurosa y progresiva de una subjetividad mercantilizada. La crisis ontológica del sujeto moderno fruto del existencialismo de posguerra se ve superada por un mercado que arrasa con países, industrias y procesos de socialización. Aquellos vacíos secularizados son rellenados por un conjunto de mecanismos de consumo que conducen al sujeto hacia su propia *autofetichización*, pasando a concebir su identidad como producto de mercado. La sociedad de consumo de masas se instaura como modelo social hegemónico, estableciendo el aislamiento y la soledad *hiperestimulada* como paisajes naturales.

Los mecanismos propios del entorno digital y de la espectacularización de la vida social acentúan y reproducen subjetividades enfrascadas en el marketing de una identidad como propio proyecto personal. La identidad de carácter publicitario y la enajenación del deseo aparecen como puertas de entrada a una pérdida masiva de soberanía sobre nuestra subjetividad y, en consecuencia, sobre nuestra agencia política. El resultado de esta mercantilización de los sentidos vitales podría ser responsable de la proliferación de identidades excluyentes, neofascismos y la generalización de la violencia neuronal. Esta serie de riesgos conformarían así lo que podríamos denominar los retos ontológicos del tardocapitalismo.

La crisis epistémica hace referencia a una entrada en cuestionamiento de ciertos axiomas ilustrados como lo son el racionalismo dialéctico o la objetividad científica. El *ser humano*, tal y como se ha comprendido desde la revolución moderna-ilustrada, comienza a perder sus marcadores de certeza también en su dimensión epistemológica, lo que supone un duro golpe para la ciencia y la academia históricamente erigida sobre valores propiamente platónicos y cartesianos.

Nuevas corrientes feministas y decoloniales comenzarán a reivindicar la corporalidad, la emoción y el monismo como enfoques igualmente válidos para la ciencia tardocapitalista. De este modo, la ciencia contemporánea entra también en un terreno pantanoso del que pueden llegar a desprenderse riesgos tales como la paralización epistémica o la aparición de un neoautoritarismo ilustrado.

El último de estos movimientos sísmicos es la crisis ecosistémica como consecuencia endémica al propio tardocapitalismo. El equilibrio en la balanza entre los poderes público-privados, propio de los años 50 socialdemócratas, se ha visto alterado de manera profunda. La libre transacción de capitales y la casi absoluta libertad otorgada a las corporaciones ha producido aquellos efectos que le son propios a un sistema inherentemente autodestructivo: aumento de la brecha de desigualdad, generalización del subempleo, expoliaciones neocoloniales, división sexual y racial del trabajo, explotación del entorno y concentración del *capital-poder-saber* en oligopolios predominantemente tecnológicos.

El control hipertecnológico y la crisis ecosocial amenazan la sostenibilidad en términos humanos, mediambientales y democráticos, presentándose el ecofascismo y el algoritarismo como reacciones posibles a una crisis que es ya total. La propuesta posthumanista de Rosi Braidotti se ha expuesto así como respuesta a todas las crisis tardocapitalistas producto de la evolución de aquella definición moderna colonial patriarcal de *ser humano*. La urgencia de redefinir la categoría de *naturaleza humana* se torna tan deconstructiva que termina por resultar más eficiente apostar por la superación de lo humano y dar paso a lo posthumano. Tanto a nivel ontológico, como epistemológico y técnico, los proyectos posthumanistas presentan así alternativas a una forma de *ser humanos* que se ha evidenciado como un fracaso en su relación con lo que le rodea.

Adentrándonos en las encrucijadas posthumanistas, se han presentado elementos contrapuestos haciendo uso del pensamiento dialéctico para evidenciar que su intromisión en el proceso de teorización de los proyectos posthumanistas podría condenar a la propuesta a su propia división de fuerzas. Esta serie de conceptos continúan concibiéndose de forma enfrentada por algunas de ellas, de forma que se dificulta la orientación compartida hacia ese horizonte postcapitalista.

La encrucijada ontológica ha presentado la contradicción entre proyectos posthumanistas basados en *identidades negadas* o identidades construidas en negativo y los proyectos que apuestan por la des-identidad como estrategia política; la disolución de las fronteras ontológicas y el abrazo con el resto de especies naturales y tecnológicas. Asimismo, el debate postantropocéntrico constituye un eje clave a la hora de concebir futuros respetuosos con todo aquello no-humano. Mientras la gran mayoría de proyectos terminan siendo, sin pretenderlo, antropocéntricos, las propuestas más alineadas con el ecofeminismo –como las de Braidotti y Haraway– sí posicionan el *éxodo antropológico* en un primer plano. Partir de una ética postantropocéntrica desligada del sensocentrismo podría suponer una revolución radical para con la relación interespecie. La ontología cíborg emerge así como salida común, como la propuesta subjetiva más ajustada a una nueva realidad que nos exige relacionalidad, des-identidad y parcialidad.

El choque entre proyectos eminentemente racionales y proyectos que buscan integrar la emocionalidad en su epistemología supone la segunda de las encrucijadas posthumanistas. La emoción comienza a reivindicarse como instrumento necesario para completar el saber de forma holística. Sin embargo, no todos los proyectos posthumanistas parten de esta premisa, sino que muchos de ellos siguen moviéndose y defendiendo marcos ilustrados fundamentados en el racionalismo dialéctico.

El, aceleracionismo representa un proyecto posthumanista de este tipo, un proyecto que, pese a haber integrado la crítica a la racionalidad moderna, tiende a ver en ella la precondición del saber y de una organización social estable y eficiente. Los posthumanismos de Braidotti y Haraway se mueven, de forma contraria, en el campo del monismo metodológico, la inmanencia radical, las relaciones fluidas y los cuestionamientos ontológicos. La emocionalidad, la poesía e incluso la espiritualidad aparecen como herramientas feministas y como parte de una dimensión igualmente beneficiosa para la epistemología posthumana.

Una divergencia epistemológica de este tipo podría suponer una completa desarmonía en el seno del posthumanismo, de forma que cada proyecto se construya desde cimientos básicos contrarios. Coger aviones diferentes pensando que se viaja en el mismo, conlleva el riesgo de que nos tome por sorpresa que cada uno de ellos aterrice en aeropuertos distanciados. Un objetivo claro de presentar estas reflexiones es el de advertir de estas divergencias básicas en primer lugar para, en segundo lugar, tratar de dibujar ese espacio común a partir del diálogo respetuoso. El *sentipensar navegacional* aparece como ese posible enlace entre razón y emoción. Una epistemología que, de forma posthumanista, se abre a nuevos campos siempre en disputa.

Por último, la encrucijada técnica opone –idealmente– tecnología y naturaleza con el objetivo de presentar incompatibilidades o contradicciones prácticas. El desarrollo tecnológico se ve hoy en día limitado en sentido biofísico y ético. Es, en consecuencia, labor del posthumanismo reflexionar acerca de la viabilidad de la aceleración, del avance técnico y de su propia democratización. Los principios ético-políticos posthumanistas concordantes con el feminismo postestructuralista, el decolonialismo, el antiespecismo y el antimilitarismo, se anteponen así al *desarrollo maquínico* como proyecto emancipador. Esta idea es designada como *avance consciente* en línea con un diálogo entre posturas aceleracionistas y decrecentistas.

En referencia a la factibilidad de una salida común, en algunos de estos casos, los axiomas difieren en tal medida que se convierten realmente en incompatibles. Sería este el caso de la oposición identidad / des-identidad, antropocentrismo / postantropocentrismo, *revolución desde arriba vertical / revolución desde abajo horizontal*. Esta serie de dualismos se desvelan ciertamente opuestos, de manera que escoger uno de los caminos tiende a excluir el otro. Sin embargo, como hemos visto, el resto de ellos dialogan mejor, pudiendo vislumbrar espacios compartidos.

Se ha intentado dejar claro que, extinguir todo lo propiamente humano para construir un nuevo ser humano ideal modélico, no es el objetivo del posthumanismo. Sus principios materialistas radicales le impiden entenderse como una prescripción cerrada desde espacios racionales y meramente teóricos, de forma que es su propia inmanencia la que dibuja arrítmicamente un mundo más habitable para todas. Partiendo de la des-identidad, el éxodo antropológico, las relaciones comunitarias, la apertura radical y la valiente aceptación de la incertidumbre, pueden erigirse, poco a poco, esas realidades deseadas.

Superar *lo humano*, no implica, en ningún caso, su negación radical. El primer paso es reconocer *lo humano* como un espacio que habitamos, que está repleto de opresiones y violencias sistémicas, pero que es en él dónde nos comprendemos. Por lo tanto, el posthumanismo no tiene la pretensión, en palabras de Arendt de que "saltemos de nuestra propia sombra"[234], sino de que la reconozcamos para poder reorientarla en un sentido diferente. Y eso implica, como es lógico, que nuestro punto de partida siempre sea *humano* en sentido ontológico, pero al mismo tiempo posthumano en sentido ético-político. Sin embargo, y tras haber manifestado algunos autores y autoras la muerte del sujeto, "pensar hoy en día un concepto de ser humano parece innecesario"[235].

---

234 ARENDT, H. (2009). *La condición humana*. Buenos Aires: Paidós *apud* AVANESSIAN, A; REIS, M. (2017). *Aceleracionismo*. Buenos Aires: Caja Negra. p. 207.

235 LÓPEZ-GUZMÁN, J.A. (2021). Transespecie: tránsito de los humanos a no humanos. *Runas*, 3 (5). pp. 1-17.

En relación a la falta de una dimensión más pragmática, el potencial de esta investigación no se ve limitado tan solo a la aclaración y discusión teóricas, sino que el mapa conceptual resultante **(Figura 8)** pretende funcionar como posible base teórica de futuras investigaciones empíricas. Analizar las diferentes aristas y puntos conflictivos de la propuesta posthumanista nos ayuda a visualizar los espacios en blanco y las zonas repletas de arenas movedizas. Llevar a cabo una investigación empírica sin tener en cuenta algunos de los debates teóricos de estas páginas, podría obtener como resultado la reproducción de sus propias contradicciones. La delineación de las encrucijadas colabora así a modo de *precaución epistémica* y de marco conceptual básico para la investigación en materia de posthumanismo.

En este sentido, una investigación de este tipo podría materializarse en el estudio de las subjetividades transespecie. Los sujetos transespecie son aquellos que rechazan la especie que les ha sido asignada, ya sea de forma directa o indirecta. Se trata de un concepto muy amplio en el que podríamos incluir desde comunidades cibernéticas *furries*[236] hasta sujetos reconocidos legalmente como cíborgs o que no se entienden solamente como humanos. Durante este año 2023 han salido a la luz una serie de noticias relacionadas con un caso en Reino Unido de niñes[237] que se identifican como animales[238]. Parece ser que no se trata de un fenómeno aislado, sino que en algunos países occidentales es cada

236 El término *furry* ha hecho referencia tradicionalmente al fandom del género del mismo nombre. Este género se caracteriza por personajes o narrativas referentes a animales antropomórficos, de manera que gran parte de su fandom hace uso de disfraces o complementos animales, tales como orejas, cola o alas. Los sujetos furry son considerados transespecie en el momento en que la identificación con estos animales no-humanos supera la ficción, pasando a autoidentificarse como interespecie o, directamente, no humanos. Por lo tanto, no todo el fandom furry es transespecie ni todos los transespecie se relacionan con lo furry.

237 Hago una pausa excepcional en el plural no.

238 GORDON, R. (2023, June 19). Schools let children identify as horses, dinosaurs... and a moon. *The Telegraph.* https://www.telegraph.co.uk/news/2023/06/19/school-children-identifying-as-animals-furries/

155

vez más recurrente encontrar a *menores*[239] que se comprenden fuera de la etiqueta tradicional de *lo humano*[240].

Como era de esperar, las reacciones a estas noticias han sido especialmente duras con el profesorado que ha decidido respetar la voluntad de estes niñes. Autoidentificaciones con caballos, dinosaurios, gatos o incluso una luna, nos transportan a aquel devenir animal, devenir tierra y devenir máquina de Braidotti. Mediáticamente, estas identificaciones han sido denominadas como *neogéneros*, sin embargo, no se trata tan solo de nuevos géneros, sino de nuevas especies, de nuevas formas de entenderse con el entorno.

El conjunto de subjetividades que conforman *lo transespecie* –leído en términos posthumanistas– aparece como un campo de estudio verdaderamente interesante y revelador. La investigación realizada ayuda así a que podamos leer estas subjetividades desde el *sentipensar navegacional*, a partir de una *ontología cíborg* y considerando un *avance consciente*. Teniendo en cuenta los principios estudiados, podremos comenzar a moldear etnografías transespecie y *furry* que nos permitan estudiar su potencial posthumanista como sujetos que reclaman una "transgresión cibernética de la *naturaleza humana*"[241].

En esta línea, ya en el estado español podemos encontrar sujetos identificados como transespecie y cíborg, como son el caso de los artistas Manel de Aguas o Neil Harbisson, ambos residentes en la ciudad de Barcelona. Sin embargo, como bien puede intuir la disciplina sociológica, la identidad nunca es tan solo individual, sino que emerge de una amalgama de emocionalidades colectivas atravesadas por las condiciones históricas y/o necesidades psicosociales. Esto implica reconocer estas *xenoidentidades* como producto de movimientos intrasistémicos que ya han cristalizado

---

239 Término que todavía permanece en revisión desde las luchas por la abolición de la infancia y el reconocimiento de sus derechos y autonomía. Para conocer más sobre la construcción histórica de la infancia acudir a FIRESTONE, S. (2023). Suprimamos la niñez en *La dialéctica del sexo*. Barcelona: Verso Libros. pp. 97-128.

240 FOMINAYA, C. (2023, 27 de junio). "Furry": qué pasa cuando un menor se identifica como un animal. *ABC*. https://www.abc.es/familia/padres-hijos/furry-pasa-menor-identifica-animal-20230627104426-nt.html

241 GALLARDO, F.J. (2013). Construcción de la identidad Furry. *Intersticios*, 7(1), pp. 141-154.

en *comunidades transespecie* como lo es la *Transespecies society*, también de base en Barcelona y en cuya página web podemos encontrar la siguiente carta de presentación: "La *transpecies society* es una asociación que da voz a las identidades no humanas; aumenta la conciencia sobre los retos de los transespecie; defiende la libertad de auto-diseño y ofrece el desarrollo de nuevos sentidos y órganos"[242].

Como bien se ha expuesto en el apartado acerca del "Dilema epistemológico" y las limitaciones del régimen lingüístico, el arte no se ha quedado atrás, de hecho, está constituyéndose como un claro lugar de vanguardia en el tratamiento de la postidentidad, el posthumanismo y el transespecismo. Obras y exposiciones como lo ha sido la exposición *Clima Fitness: rituales de adaptabilidad* (2024) en el centro de creación contemporánea *Matadero Madrid* constatan esta tendencia.

En definitiva, las reflexiones teóricas planteadas en esta investigación son básicas para el análisis de un escenario postcapitalista. Partiendo de la teoría crítica de los derechos humanos, el feminismo postestructuralista y el ecofeminismo materialista, se analiza la propuesta posthumanista en relación con las crisis del tardocapitalismo. Los resultados de estas reflexiones dialogantes pueden aportar luz a la crítica de los derechos humanos como derechos inherentemente excluyentes. El simple hecho de estudiar este campo con las gafas posthumanistas implica que los derechos *humanos* requieran de una revisión total, ya no solo dentro de lo estrictamente humano, sino en relación con el resto de especies. El posthumanismo funciona de esta manera como base metateórica radicalmente crítica sobre la que cuestionar todo derecho humano prescrito desde el lugar de enunciación que queremos superar. Las cuestiones que se nos presentan ahora son cómo reinventar los derechos posthumanos, si debemos revisar su contenido o, si debido a la radicalidad de la transformación posthumanista, también debe hacerlo su forma-estructura.

Muchas preguntas se abren, pocas respuestas se cierran. Asumir la inconclusión de la discusión es también un acto político. Es en ese interregno, donde surgen, no solo los monstruos, sino también las

(IN)CONCLUSIONES

---

242 https://transpeciessociety.wixsite.com/transpeciessociety/inicio

infinitas posibilidades de existencia. El posthumanismo abraza así la incertidumbre y los espacios de liminalidad como oportunidades de construcción de mundos nuevos, de utopías parciales y de realidades abiertas a la relacionalidad constante de la materia viva. Nuevas epistemologías que reajustan nuestras brújulas. Que nos facilitan recorrer esas encrucijadas, esos senderos que se entrecruzan y que nos hacen sentir perdidas. Qué mejor que parar y admirar el silencio que deja la vacilación, apreciando las nuevas y diversas posibilidades que se abren ante nuestros ojos.

BIBLIOGRAFÍA

ADORNO, T. W., & HORKHEIMER, M. (2018 [1944]). *Dialéctica de la Ilustración*. Madrid:Trotta.

AHMED, S. (2004). *The Cultural Politics of Emotion*. Edinburgh: Edinburgh UniversityPress.

AHMED, S. (2019). *Fenomenología queer: orientaciones, objetos, otros*. Barcelona: Edicions Bellaterra.

ANDERSON, B. (2006). *Comunidades imaginadas*. Madrid: Fondo de Cultura Económica de España.

ARENDT, H. (2009 [1958]). *La condición humana*. Buenos Aires.

ARENDT, H. (2022 [1951]). *Los orígenes del totalitarismo*. Madrid: Alianza Editorial.

AVANESSIAN, A; REIS, M. (2017). *Aceleracionismo*. Buenos Aires: Caja Negra.

AZPARREN, M. (2023). *Cine ciego*. Madrid: Libros de la Resistencia.

BAUMAN, Z. (2005 [2005]). *Identidad*. Madrid: Losada.

BAUMAN, Z. (2020 [2007]). *Vida de consumo*. Ciudad de México: Fondo de Cultura Económica.

BEAUVOIR, S. (1987 [1949]). *El segundo sexo*. Buenos Aires: Siglo XX.

BECK, U. (2006 [1992]). *La sociedad del riesgo global*. Madrid: Siglo XXI.

BOOKCHIN, M. (2019). *Anarquismo social o anarquismo personal*. Barcelona: Virus.

BORDERA, J., & TURIEL, A. (2022). *El otoño de la civilización* . Madrid: Revista Contexto.

BRADSHAW, G.A. & WATKINS, M. (2006). Trans-species psychology: Theory and praxis. *Spring: A Journal of Archetype and Culture*, 75(1), 1-26.

BRAIDOTTI, R. (2015). *Lo posthumano*. Barcelona: Gedisa.

BUTLER, J. (2017 [1990]). *El género en disputa*. Barcelona: Paidós Ibérica.

COLINA, F. (2019). *Foucaultiana*. Valladolid: La Revolución Delirante.

DAMASIO, A. (2022). *El error de Descartes*. Barcelona: Booket.

DEBORD, G. (2005 [1967]). *La sociedad del espectáculo*. Valencia: Pre-Textos.

DE LA TORRE, S. & MORAES, C. (2005). *Sentipensar: Fundamentos y estrategias para reencantar la educación*. Málaga: Aljibe.

DELEUZE, G & GUATTARI, F. (1985 [1972]). *El Anti Edipo. Capitalismo y esquizofrenia*. Barcelona: Paidós.

DUSSEL, E. (2013). *Filosofía de la liberación*. Buenos Aires: Docencia.

FANON, F. (2018 [1961]). *Los condenados de la tierra*. Madrid: Fondo de Cultura Económica.

FEDERICI, S. (2022). *Ir más allá de la piel: Repensar, rehacer y reivindicar el cuerpo en el capitalismo contemporáneo*. Madrid: Traficantes de Sueños.

FÉRNANDEZ GONZALO, J. (2019). *Políticas de la nueva carne. Perversiones filosóficas en David Cronenberg*. Barcelona: Holobionte Ediciones.

FIRESTONE, S. (2019) [1970]). *La dialéctica del sexo*. Barcelona: Verso Libros.

FISHER, M. (2016). *Realismo capitalista: ¿no hay alternativa?* Buenos Aires: Caja Negra.

FISHER, M. (2019). *Los fantasmas de mi vida: escritos sobre depresión, hauntología y futuros perdidos*. Buenos Aires: Caja Negra.

FISHER, M. (2024). *Deseo postcapitalista*. Buenos Aires: Caja Negra.

FOUCAULT, M., & GUIÑAZÚ, U. (1986 [1976]). *Historia de la sexualidad: 1- la voluntad de saber* (13a ed.). México: Siglo XXI.

FOUCAULT, M. (1998 [1975]). *Vigilar y castigar*. Madrid: Siglo XXI Editores.

FOUCAULT, M. (2016 [1979]). *Nacimiento de la biopolítica*. Madrid: Ediciones Akal.

FRASER, N. (2000). ¿De la redistribución al reconocimiento? Dilemas de la justicia en la era «postsocialista». *New Left Review*, 126-155.

FRUTOS, J. A. (2010). La tierra y la naturaleza en el horizonte de la subjetividad moderna. *Revista de Fomento Social*, 33-56.

GALLARDO, H. (2014). *Teoria crítica: Matriz e possibilidade de direitos humanos*. São Paulo: Unesp.

GALLARDO, F.J. (2013). Construcción de la identidad Furry. *Intersticios*, 7(1), 141-154.

GARCÍA, M. (2023). *La resurrección de las monstruas. Asistencia sexual, entre deseos y placeres*. Madrid: Editorial Imperdible.

GIBSON-GRAHAM, J.K. (2022). *Hacia una economía postcapitalista o como retomar el control cotidiano*. Barcelona: Icaria.

GILLIGAN, C. (2009 [1993]). *In a Different Voice*. Harvard: Harvard University Press.

GROSS, O. (2019). *Más allá del diván: sexualidad, autoritarismo, psicoanálisis y matriarcado*. Barcelona: Irrecuperables

HAN, B.-C. (2021). *Psicopolítica*. Barcelona: Herder.

HAN, B-C. (2022). *La sociedad del cansancio*. Barcelona: Herder.

HARAWAY, D. (2019). *Seguir con el problema. Generar parentesco en el Chthuluceno*. Bilbao: Consonini.

HARAWAY, D. (2020 [1983]). *Manifiesto Cíborg*. Madrid: Kaótica Libros.

HARAWAY, D. (2022). *Testigo modesto. Segundo Milenio. Hombrehembra. Conoce Oncorata*. Buenos Aires: Rara Avis.

HERNANDO, A. (2018). *La fantasía de la individualidad*. Madrid: Traficantes de Sueños.

HERRERA FLORES, J. (2008). *La reinvención de los derechos humanos*. Sevilla: Atrapasueños.

HESTER, H. (2018). *Xenofeminismo: tecnologías de género y políticas de reproducción*. Buenos Aires: Caja Negra.

HOLLOWAY, J. (2003). *Cambiar el mundo sin tomar el poder*. Barcelona: El Viejo Topo.

HORKHEIMER, M. (2000). *Teoría Tradicional y Teoría Crítica*. Barcelona: Paidós Ibérica.

ILLOUZ, E. (2012). *Intimidades congeladas: las emociones en el capitalismo*. Buenos Aires: Katz Editores.

JAMESON, F. (1991). *El posmodernismo o la lógica cultural del capitalismo avanzado*. Barcelona: Paidós.

KELLY, P. (1997). *Por un futuro alternativo*. Barcelona, Paidós.

KLEIN, N. (2007). *No logo: el poder de las marcas*. Barcelona: Paidós Ibérica.

LACAN, J. (2013 [1966]). *Escritos 1*. Madrid: Biblioteca Nueva / Siglo XXI

LEWELLEN, T.C. (1994*). Introducción a la antropología política*. Barcelona: Edicions Bellaterra.

LÓPEZ-GUZMÁN, J.A. (2021). Transespecie: tránsito de los humanos a no humanos. *Runas, 3* (5). 1-17.

MARTÍN, C. et al. (2013). *La colección. Museo Nacional de Arte Reina Sofía. Clavesde lectura (Parte II)*. Madrid: Museo Reina Sofía / Ediciones de La Central.

MARX, K & ENGELS, F. (2018 [1848]). *Manifiesto comunista*. Madrid: Corazones blindados / Acefalia

MÉNDEZ RUBIO, A. (2020). *Fascismo de Baja Intensidad*. Santander: La Vorágine.

MÉNDEZ, S. (2024). La cuestión kurda en un contexto de guerra global sostenida. *Al margen, (129)*, 22-23.

MIES, M. & SHIVA, V. (2020). *Ecofeminismo*. Barcelona: Icaria

MORO, K. (2023). *El manifiesto transhumanista Yuval Noah Harari: sus falacias totalitarias para la extinción humana*. Texto inédito en proceso de publicación este año.

MORTIMER-SANDILANS, C. (2010). *Queer ecologies: Sex, Nature, Politics, Desire*. Bloomington: Indiana University Press.

NUSSBAUM, M. (2023). *Justicia para los animales*. Barcelona: Paidós.

PANIKKAR, R. (2004). Seria a noção de direitos humanos um conceito ocidental? Renovar, 205-238.

PASOLINI, P. P. (2021). *El fascismo de los antifascistas*. Barcelona: Galaxia Gutenberg.

PATEMAN, C. (1995). *El contrato sexual*. Barcelona: Antrhopos.

PLUMWOOD, V. (1993). *Feminism and the Mastery of Nature*. Oxford: Routledge.

PRECIADO, P. (2020). *Yo soy el monstruo que os habla: Informe para una academiade psicoanalistas*. Barcelona: Anagrama.

PULEO, A. (2005). El hilo de Ariadna: ecofeminismo, animales y crítica al androcentrismo. En VELAYOS, C; BARRIOS, O; FIGUERUELO, A; LÓPEZ, T. (eds.) *Feminismo ecológico. Estudios multidisciplinares de género.*Salamanca: Universidad de Salamanca.

PULEO, A. (ed.) (2015). *Ecología y género en diálogo interdisciplinar*. Madrid: Plaza y Valdés.

PULEO, A. (2019). *Claves ecofeministas: para rebeldes que aman a la tierra y a los animales*. Madrid: Plaza y Valdés.

REICH, W. (2015) ¡Escucha *hombrecillo!* Madrid: La linterna sorda.

RODRÍGUEZ MAGDA, M. (2011). Transmodernidad: un nuevo paradigma. *Transmodernity, 1* (1), 1-13.

RODRIK, D. (2012). *La paradoja de la globalización.* Antoni Bosch editor. Cap. 9.

SABARIEGO, J; SIERRA, F. (2023). *Tecnopolítica, cultura cívica y democracia.* Salamanca: Comunicación Social, Ediciones y Publicaciones.

SEGUNDO-ORTIN, M. & CALVO, P. (2023) Plant sentience? Between romanticism and denial: Science. *Animal Sentience,* 33(1)

SEMPERE, J. (2018). *Las cenizas de Prometeo. Transición energética y socialismo.* Barcelona: Pasado y Presente.

SHIVA, V. (2001). *Biopiratería: el saqueo de la naturaleza y el conocimiento.* Barcelona: Icaria.

SIBILIA, P. (2008). *La intimidad como espectáculo.* Madrid: Fondo de Cultura Económica de España.

SNYDER, G. (2016). *La práctica de lo salvaje.* Madrid: Varasek Ediciones.

SVAMPA, M. (2015). Feminismos del Sur y ecofeminismo. *Nueva sociedad, 256,* 127-131.

TAFALLA, M. (2022). *Filosofía ante la crisis ecológica: Una propuesta de convivencia con las demás especies: decrecimiento, veganismo y rewilding.* Madrid: Plaza y Valdés.

TAIBO, C. (2021). *Decrecimiento. Una propuesta razonada.* Madrid: Alianza editorial.

TAIBO, C. (2023). *Ecofascismo: una introducción.* Madrid: La Catarata.

TORRES, J & MÉNDEZ, S (2025). La ectogénesis en disputa. ¿una tecnología con potencialidades para la abolición del binarismo de género basado en el biosexismo (re)productivo? En *Resúmenes del I Congreso Internacional Corporalidades Sociales, Subjetividades y Disidencias.* Madrid: Dykinson (en prensa)

TRONTO, J. (2012). *Caring democracy: Markets, equality and justice.* New York: NYU Press.

WEIL, S. (2015). *Reflexiones sobre las causas de la libertad y de la opresión social.* Madrid: Trotta.

WOHLLEBEN, P. (2016). *La vida secreta de los* árboles. Barcelona: EdicionesObelisco.

ŽIŽEK, S. (2006). *Arriesgar lo imposible. Conversaciones con Glyn Daly.* Madrid:Trotta

ŽIŽEK, S. (2010). *En defensa de la intolerancia.* Barcelona: Diario Público.

ZUBOFF, S. (2020). *La era del capitalismo de la vigilancia.* Barcelona: Paidós Ibérica.

RECURSOS ELECTRÓNICOS

AFD (2021, 9 de agosto). Informe Climático del IPCC: "A este ritmo, en 2030 se podríarebasar el umbral de 1.5 °c". *Agence Française de Développement.* https://www.afd.fr/es/actualites/en-2030-se-podria-rebasar-el-umbral-de- 1grados5eco

BALLARINO, F. (2023, 1 de junio). Cuál es el impacto ambiental y social de laexplotación del litio en la Argentina. *Chequeado.* https://chequeado.com/el-explicador/cual-es-el-impacto-ambiental-y-social-de-la-explotacion-del-litio- en-la-argentina/

BALZA MÚGICA, I. (2018). Una biopolítica feminista de la carne: la gestación subrogada como ejemplo de los vínculos de opresión entre las mujeres y los animales no humanos. *Asparkía. Investigació Feminista,* (33), 27-44. https://www.e-revistes.uji.es/index.php/asparkia/article/view/3273.

DE GRADO, L. (2023, 18 de junio). La propuesta artística de Naomí Rincón ante el "colapso del planeta" llega a Madrid. *Agencia EFE.* https://efeminista.com/naomi-rincon-gallardo-arte-madrid/

DICKINSON, D. (2019, 17 de junio). Unos 24000 millones de toneladas de suelo fértil se pierden cada año por la desertificación. *Noticias ONU.* https://news.un.org/es/story/2019/06/1457861

DI PAULA, MÉNDEZ, CANTOS. (2024, 10 de enero). Violencias que atraviesan cuerpos y territorios. *Pikara.* https://www.pikaramagazine.com/2024/01/violencias-que-atraviesan-cuerpos-y-territorios/

ESCAMILLA RUIZ, S. (2023, 14 de mayo). ¿Sienten los cangrejos? ¿Y las plantas? La consciencia no es exclusiva del ser humano. *The Conversation.* https://theconversation.com/sienten-los-cangrejos-y-las-plantas-la-consciencia- no-es-exclusiva-del-ser-humano-204630

FARRÁN, R. (2021). Redes sociales y prácticas de sí. Neoliberalismo y capitalismo de la vigilancia. *Avatares de la comunicación y la cultura* (22). https://publicaciones.sociales.uba.ar/index.php/avatares/article/view/6467/pdf

FOMINAYA, C. (2023, 27 de junio). "Furry": qué pasa cuando un menor se identifica como un animal. *ABC.* https://www.abc.es/familia/padres-hijos/furry-pasa- menor-identifica-animal-20230627104426-nt.html

GONZÁLEZ, E. (2023, 6 de septiembre). Un enfermo de cáncer pide ingresarvoluntariamente en la cárcel para "no estar solo". *Antena 3* https://www.antena3.com/noticias/sociedad/enfermo-cancer-pide-ingresar- voluntariamente-carcel-estar-solo_2023090664f86dbc5df8e3000102fcd1.html

GORDON, R. (2023, June 19). Schools let children identify as horses, dinosaurs... anda moon. *The Telegraph*. https://www.telegraph.co.uk/news/2023/06/19/school- children-identifying-as-animals-furries/

KARMY, R. (2024, 16 de mayo). Averroes en Palestina. *Ficción de la razón*. https://ficciondelarazon.org/2024/05/16/rodrigo-karmy-bolton-averroes-en-palestina/

MAGEE, B. & ELWOOD, R. W. (2016). Trade-offs between predator avoidance and electric shock avoidance in hermit crabs demonstrate a non-reflexive response to noxious stimuli consistent with prediction of pain. *Behavioural processes*, 130, 31-35. https://doi.org/10.1016/j.beproc.2016.06.017

PROENZA, A. (2023, 22 de agosto). Yayoi Kusama, enfrentar el miedo con el arte. *El Salto*. https://www.elsaltodiario.com/arte/artista-japonesa-yayoi-kusama- exposicion-guggenheim-bilbao

REJÓN, R. (2023, Julio 27). No es calor normal de verano: julio de 2023 se convierte en el mes más caluroso jamás medido en la Tierra. *elDiario.es*. https://www.eldiario.es/sociedad/no-calor-normal-verano-julio-2023-convierte-mes-caluroso-medido-tierra_1_10412274.html

SALAZAR-XIRINACHS, J. M. (2023, 8 de julio). Extracción e industrialización del litio en América Latina y el Caribe: oportunidades y desafíos. *El País* https://elpais.com/chile/2023-07-08/extraccion-e-industrializacion-del-litio-en- america-latina-y-el-caribe-oportunidades-y-desafios.html

STONE, M. (2022, 17 de mayo). ¿Pueden los avances tecnológicos conseguir una minería más limpia? *National Geographic*. https://www.nationalgeographic.es/medio-ambiente/2022/05/pueden-los-avances-tecnologicos-conseguir-una-mineria-mas-limpia

TERRANOVA, T. (2018, septiembre-octubre). Marx en tiempos de algoritmos. *Nueva Sociedad, 277*. https://nuso.org/articulo/marx-en-tiempos-de- algoritmos/#footnote-14

VEGA, C. et. al. (2019, 12 de diciembre). Ecologismos Queer, naturaleza y alianzas subversivas. *Naturaleza con Derechos*. https://www.naturalezaconderechos.org/2019/12/12/ecologismos-queer-naturaleza-y-alianzas-subversivas/

WWF ADENA (2023). *Incendios extremos e inapagables*. https://wwfes.awsassets.panda.org/downloads/wwf_incendios_extremos_e_inapagables_informe_2023.pdf

ZAJONC, R. B. (1980). Feeling and thinking: Preferences need no inferences. *American Psychologist*, 35(2), 151–175. https://doi.org/10.1037/0003-066X.35.2.151